글·편집 샌디 앨리슨

작가와 편집자로 활동하고 있으며, 펜실베이니아 뉴 컴벌랜드에 살고 있다.

글·그림 로버트 크레이그

리놀륨판화와 목판화 전문 판화가이며 학생들을 가르치기도 한다. 미국 내 여러 갤러리에 작품들이 전시되었다. 펜실베이니아 이스턴 부근에 살고 있다.

사진 앨런 와이체크

상업사진작가이자 출판물 사진작가로 활동하고 있으며, 건축, 인물, 음식 사진을 전문으로 한다.

옮김 김하늬

1987년 전북 고창에서 태어났다. 출판 편집자로 일하고 있다. 옮긴 책으로 네네이선 W.파일의《뉴욕 베이직 팁 앤 에티켓》, 마이클 홀의 그림책《빨강》,《프랑켄크레용》이 있다.

감수 스튜디오198

이성근, 한지선 두 작가가 운영하는 서울 중랑구 망우동의 공방. 두 사람은 홍익대학교 일반대학원 판화과를 졸업한 뒤, 누구나 자신의 이야기를 담은 작품을 만들 수 있는 스튜디오198을 운영하고 있다.

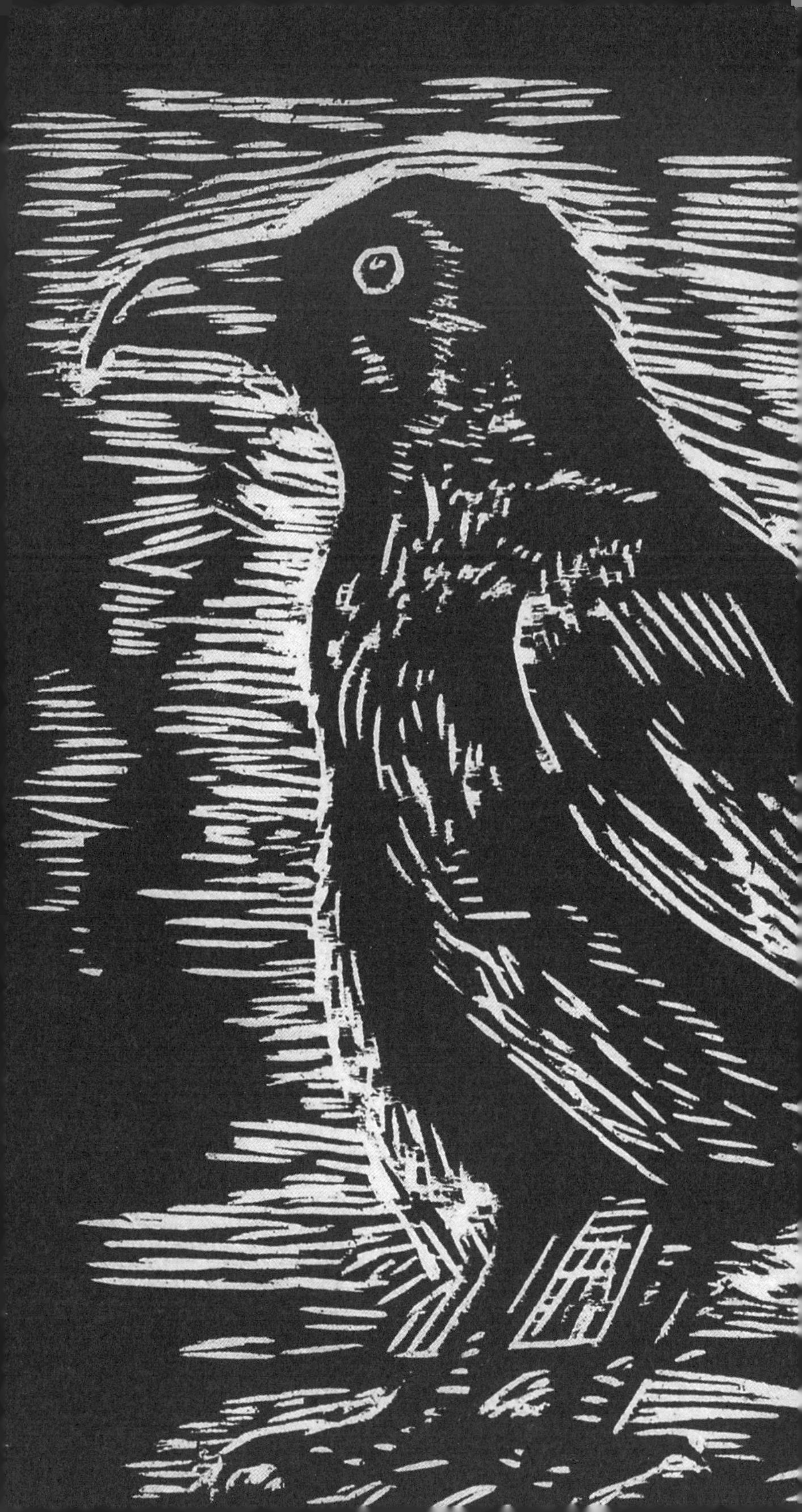

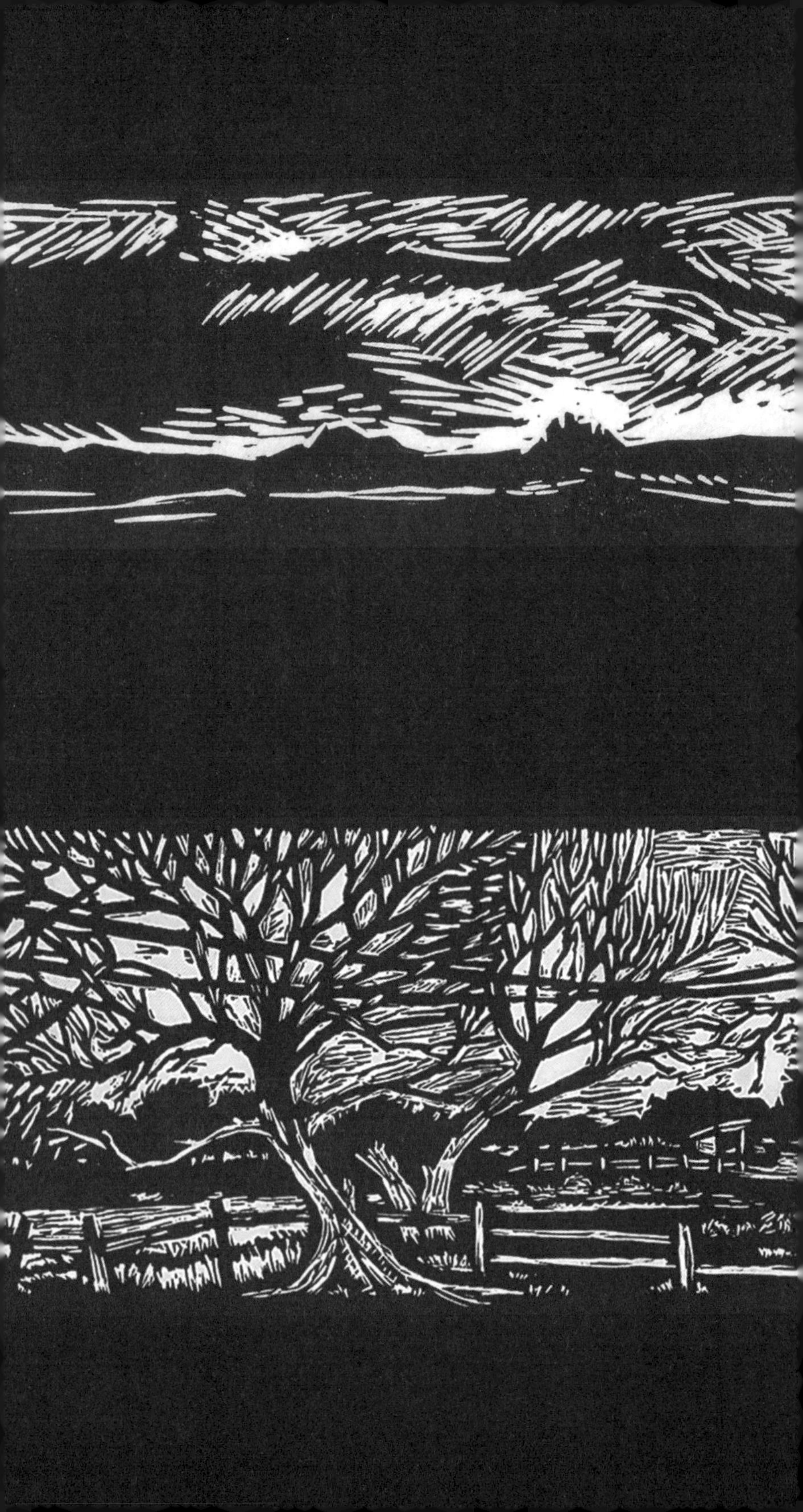

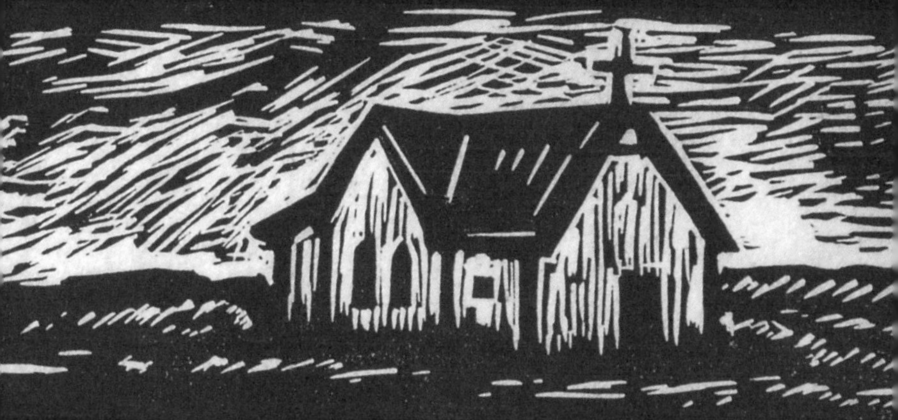

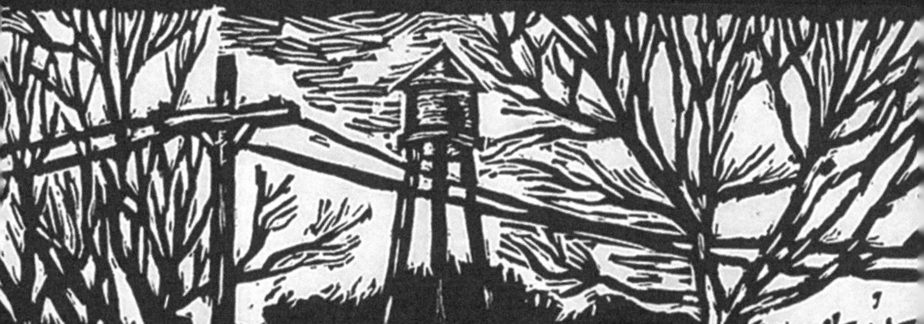

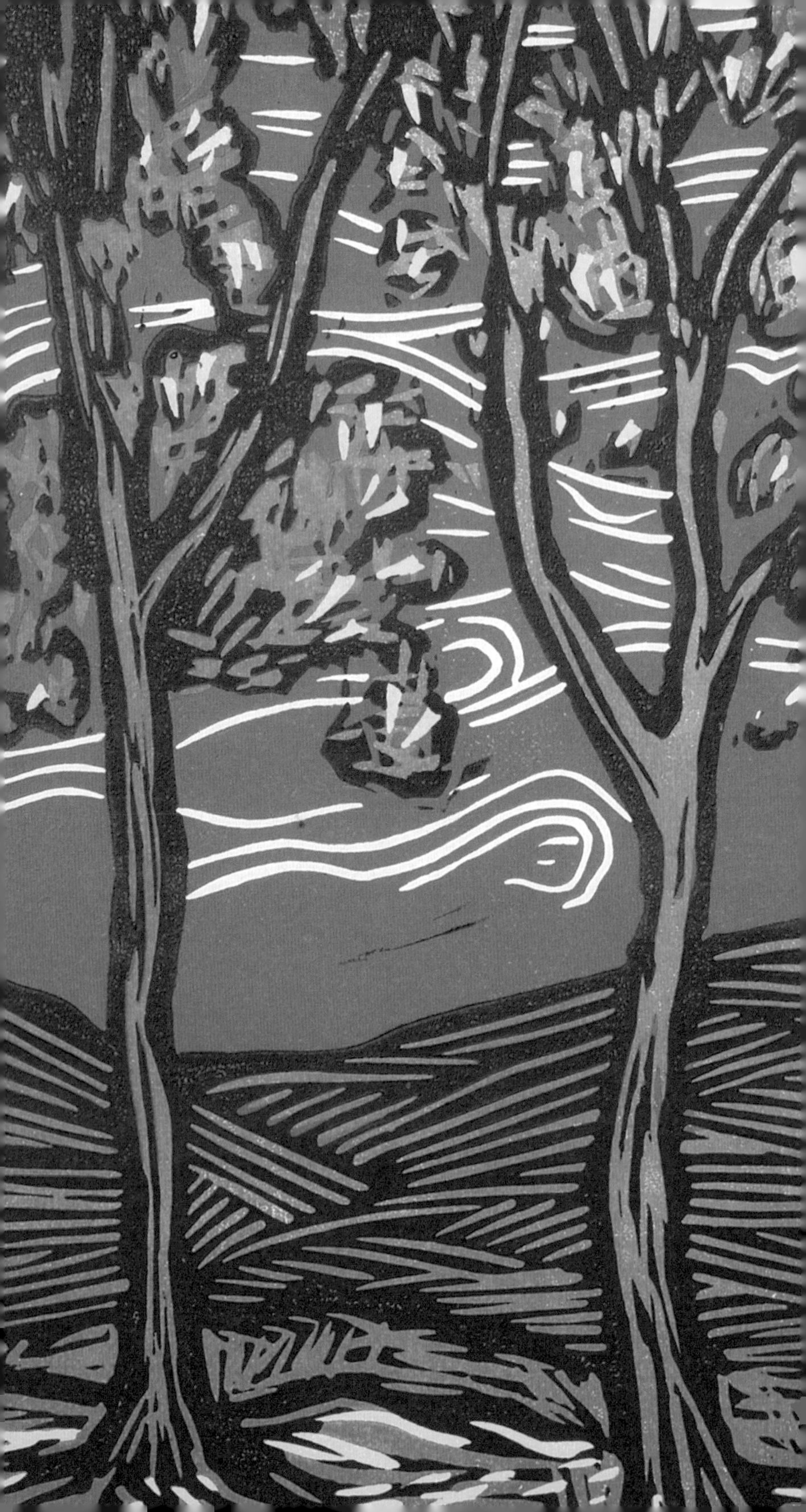

취미는— 판화

취미는 판화

리놀륨·목판화 제대로 만들기

초판 1쇄 인쇄 2018년 3월 22일
초판 1쇄 발행 2018년 4월 2일

글·편집 샌디 앨리슨
글·그림 로버트 크레이그
사 진 앨런 와이체크
옮긴이 김하늬
감 수 스튜디오198
펴낸이 김연희
주 간 박세경
편 집 서미석

펴 낸 곳 그림씨
출판등록 2016년 10월 25일(제2016-000336호)
주 소 서울시 마포구 월드컵북로 400 문화콘텐츠센터 5층 23호
전 화 (02) 3153-1344
팩 스 (02) 3153-2903
이 메 일 grimmsi@hanmail.net

ISBN 979-11-960678-7-8 03650
값 14,900원

이 도서의 국립중앙도서관 출판예정도서목록(CIP)은 서지정보유통지원시스템 홈페이지(http://seoji.nl.go.kr)와 국가자료공동목록시스템(http://www.nl.go.kr/kolisnet)에서 이용하실 수 있습니다.(CIP 제어번호: CIP2017033358)

취미는— 판화

리놀륨·목판화 제대로 만들기

글·편집 샌디 앨리슨
글·그림 로버트 크레이그
사진 앨런 와이체크
옮김 김하늬
감수 스튜디오198

그림씨

일러두기

- 이 책의 내용 중 일부는 국내의 상황에 맞게 수정하였습니다.
- '종이 고르기'(59쪽)와 '목재 고르기'(154쪽)는 국내에서 구할 수 있는 재료를 반영하여 감수자가 다시 쓴 글입니다.
- 그 외 각주는 그림씨 출판사 편집자가 감수자의 의견을 반영하여 달았습니다.
- 재료 구입에 대한 정보나 기타 궁금한 점이 있으신 분은 그림씨 출판사 메일로 연락주시면 도움을 드릴 수 있습니다.

차례

들어가며

볼록판화는 수 세기 전에 일본, 중국, 인도, 한국 및 기타 지역에서 처음으로 시작된 예술 기법이다. 미술 작품, 삽화, 카드, 선물 포장지, 포스터, 광고처럼 종이를 사용하는 수많은 그래픽 작업에 이용되며 원단에도 활용할 수 있다. 볼록판화 작품은 독특한 모양과 개성을 지니고 있으며, 단순하고 대담한 것부터 섬세하고 정밀한 것까지, 매우 다양한 표현을 할 수 있다.

전통적으로 볼록판화는 나무를 깎아 만들지만, 비교적 저렴하고 쉽게 사용할 수 있는 리놀륨으로 만들기도 한다. 실제로 파블로 피카소와 앙리 마티스, 그리고 독일 표현주의 작가들과 런던의 그로브너 현대 미술학교 예술가들도 리놀륨을 폭넓게 활용했다. 나무와 리놀륨에 사용되는 도구와 기법은 비슷하면서도 궁극적으로는 다르다. 수작업 인쇄 기술은 기본적으로 동일하다.

이 책에서는 리놀륨과 나무를 이용한 판화의 기본을 다룬다.

볼록판화에 적합한 이미지를 고르는 것부터 이미지를 판에 쉽게 옮기는 법을 소개한다. 그리고 먼저 리놀륨 조각에 쓰이는 도구들을 살펴본 뒤, 조각하는 방법과 잉크를 칠하는 법에 대해 알아본다.

또한 수작업 인쇄 방법과 작품에 넘버링을 하는 법, 뒷정리하는 법에 대해서도 상세히 다루었다.

다음으로는 목판화에 쓸 나무를 선택하는 법, 나무 조각 도구 및 기법과 다색 판화를 만드는 방법을 소개한다. 인쇄에 적합한 종이의 종류에 대해서도 알아본다.

마지막으로는 책의 저자인 판화가 로버트 크레이그Robert Craig의 작품 몇 점을 소개한다.

판화는 쉽게 시작할 수 있고, 재료와 도구 역시 쉽게 구할 수 있다. 다른 공예와 마찬가지로 처음에는 작은 작품으로 시작해, 크고 복잡한 프로젝트로 나아가는 것이 가장 좋다. 이 책에서는 쉽고 독창적인 판화 작품을 만들기 위해 알아야 할 모든 것을 다룰 것이다.

이미지 전사

판화용 리놀륨은 대부분의 화방, 공예용품점, 인터넷에서 구할 수 있으며 일반적으로 약 2cm 두께의 합판에 붙여 바로 조각할 수 있는 상태로 판매된다. 리놀륨 자체 — 코르크와 아마인유의 혼합물 — 에는 결이 없으므로 어느 방향으로든 쉽게 자를 수 있다. 상당히 세밀한 표현이 가능하다. 리놀륨판은 대개 회색 아니면 황갈색이다. 사진에 나온 흰색 재료는 폼보드로, 연필이나 꼬챙이로 매우 쉽게 조각할 수 있다. 연습용이나 초보자에게 추천한다.

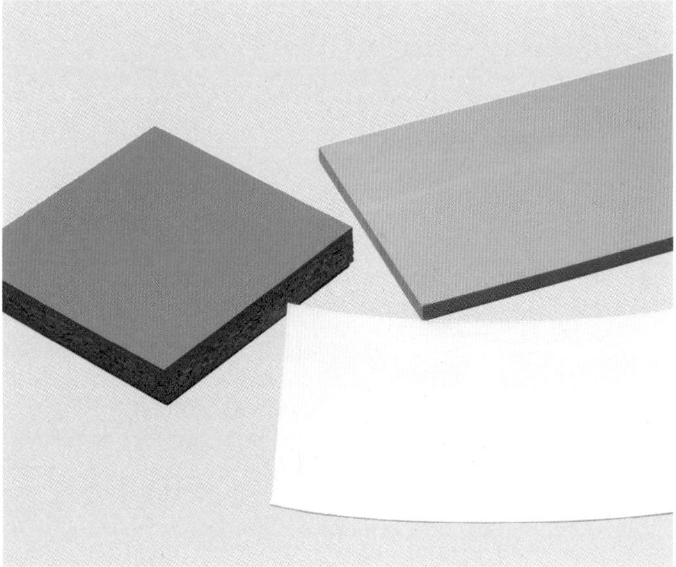

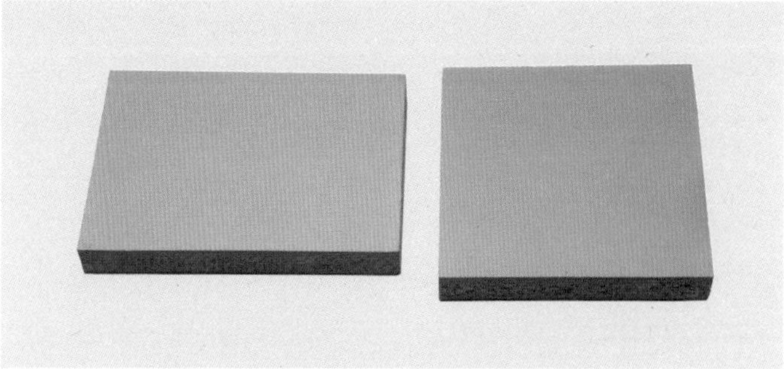

리놀륨판은 정사각형 또는 직사각형 모양으로 다양한 크기가 있다. 4×5in, 5×7in, 8×10in, 9×12in 크기가 가장 일반적이다. 표준 크기가 아닌 작품을 만들고 싶다면 톱으로 시판 리놀륨판을 잘라 쓰면 된다.

회색 리놀륨은 합판 없이 정사각형, 직사각형, 롤처럼 말린 종류도 있다. 이런 리놀륨은 조금 더 저렴하고 쉽게 자를 수 있다는 이점이 있다. 이런 리놀륨은 조각하기 전에 강력 접착제로 합판에 붙이면 된다.

골드컷 리놀륨*이라 하는 것도 있는데, 회색 리놀륨보다 살짝 무르고 자르기도 더 쉽다. 회색 리놀륨과 마찬가지로 결이 없다.

* 판이 늘어나지 않도록 뒷면에 끈 등을 접합하여 만든 리놀륨

리놀륨 바닥재

리놀륨판 표면 소재는 바닥재로 사용되는 리놀륨과 유사하다. 그러나 오늘날 리놀륨 바닥재라 부르는 것은 대부분 비닐이며, 판화용 리놀륨과는 다르다. 초기 리놀륨판화 작가들은 작품에 실제 리놀륨 바닥재를 사용했으며, 지금도 같은 방식으로 작업할 수도 있다. 그러나 1970년대 이전에 만들어진 오래된 리놀륨에는 석면이 포함되어 있을 수 있으므로 판화용으로 적합하지 않다.

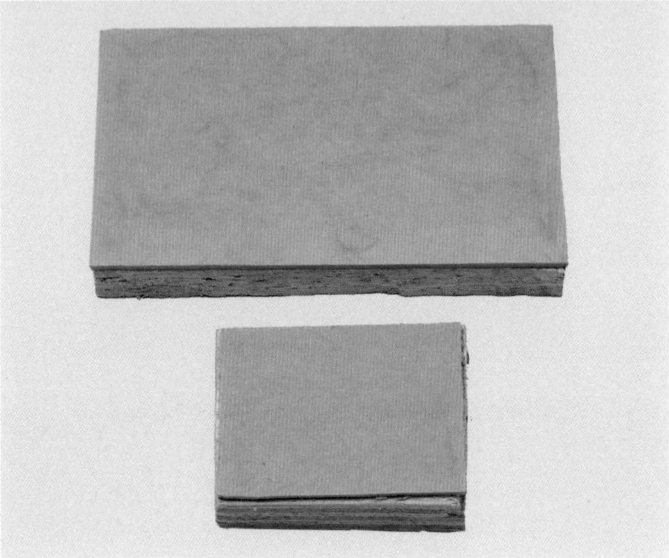

어떤 이미지든 판화로 찍을 수 있지만, 적어도 사물의 특징은 파악할 수 있어야 한다. 13쪽의 향나무 스케치는 나뭇가지 패턴을 단순화했고, 개별 잎사귀 대신 나뭇잎 덩어리를 그렸으며, 구름 주변의 어두운 하늘을 암시했다. 이미지는 '흑백으로' 옮길 수 있어야 한다. 모든 획, 선, 점, 면을 인쇄되게 할지 말지 결정해야 한다. 중간은 없다. 인쇄할 것이라면 파내서는 안 된다. 파내면 인쇄되지 않는다.

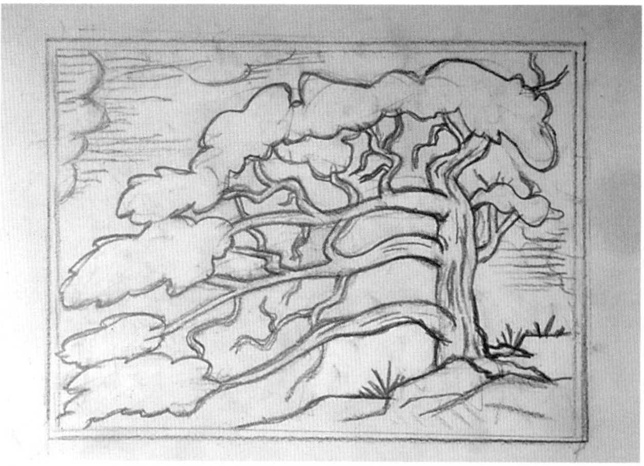

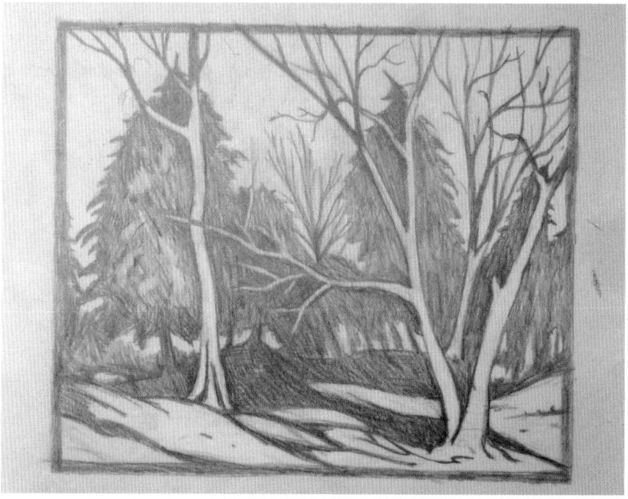

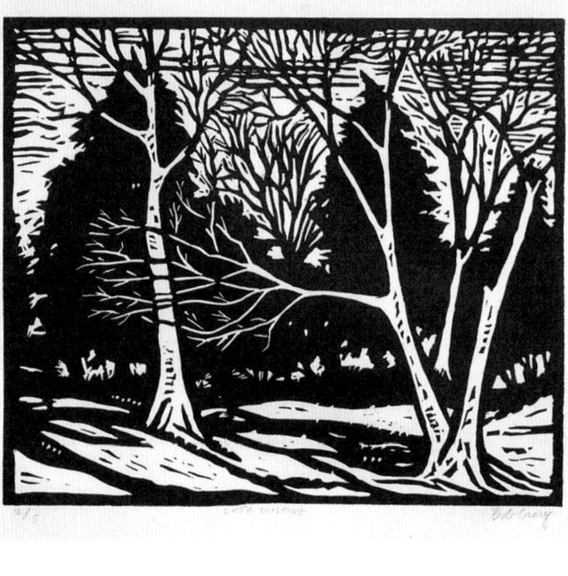
LATE DUSTING

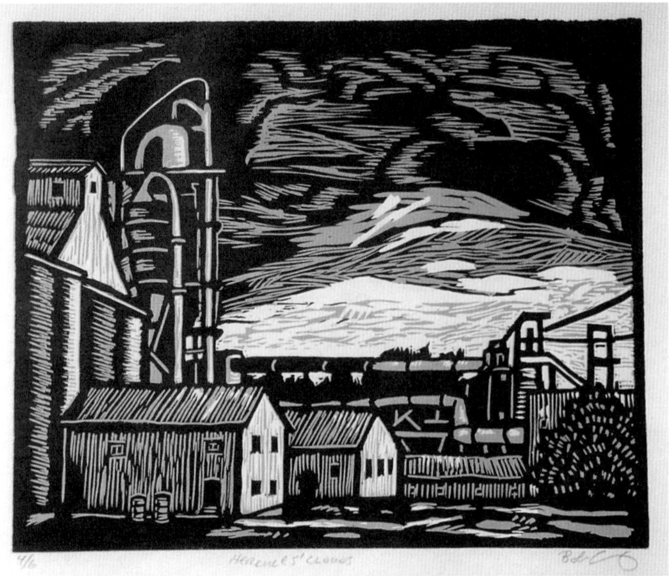
4/6
HERCULES' CLOUDS

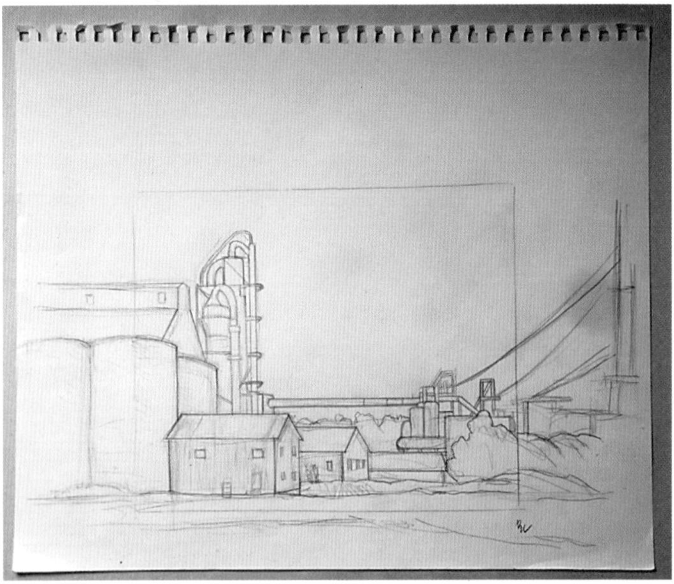

처음의 이미지와 판화로 완성된 작품을 비교해 보면, 인쇄할 수 있는 사물의 범위와 파낸 부분을 파악할 수 있다. 13쪽에서 스케치(두 번째)를 판화(세 번째)로 완성한 것을 보자. 그림자와 배경의 나무는 검정색이고, 질감을 나타내기 위한 하이라이트*를 넣었다. 나뭇가지가 교차되는 부분과 하늘이 묻혀 보이지 않게 하기 위해 검정색으로 표현했다. 판화용으로 스케치를 할 때에는 각 요소를 작품으로 어떻게 옮길지 잘 생각해야 한다.

14쪽의 판화는 비록 두 가지 색상만 사용했지만 스케치의 특징을 잘 담아냈다. 건물의 그림자와 먹구름은 다양한 두께의 선으로 표현했다. 나무는 검정색 덩어리로 묘사했으며 가지와 잎은 작은 획들로 표현했다. 가로로 놓인 파이프를 보면, 하늘을 가로지르는 부분은 검게 남겼고 나무를 가로지르는 부분은 파냈다. 스케치에는 있는 부분이 판화에서는 어떻게 잘려 나갔는지 역시 주목할 점이다. 작가는 가장 중요한 것에 초점을 맞추고 스케치를 구성해야 한다.

* 그림의 밝은 부분

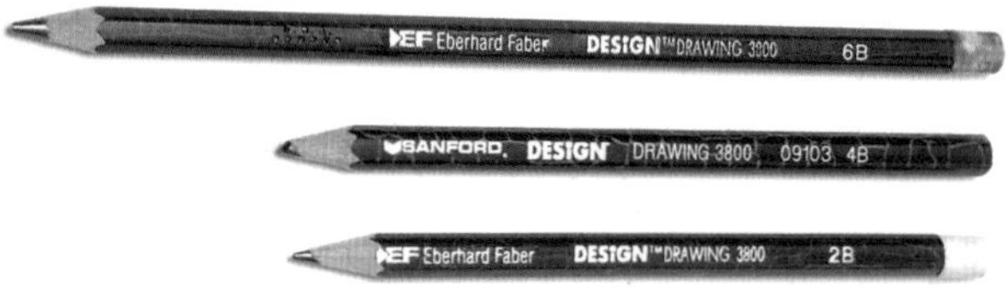

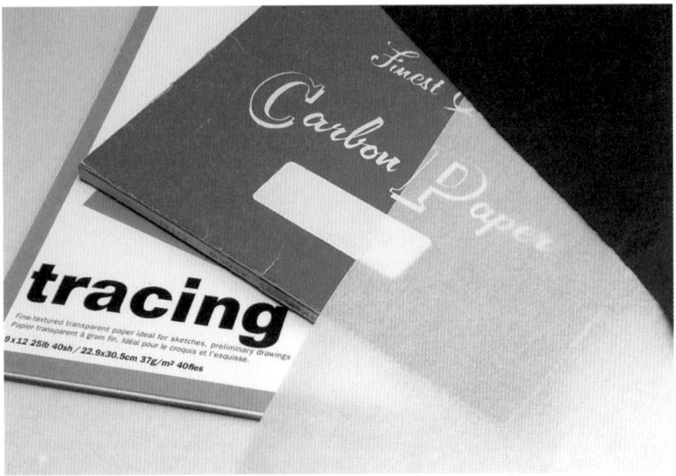

트레이싱지는 연필 스케치를 리놀륨판의 표면으로 전사하는 데 사용된다. 31쪽에는 먹지를 사용하여 전사하는 방법도 설명되어 있다. 리놀륨판에 이미지를 전사하는 방법은 똑같이 목판에도 사용할 수 있다. 전사할 때 쓰는 연필은 화방과 공예품 가게에서 구할 수 있는, 상대적으로 심이 무른 것을 사용하면 된다. 6B 연필은 아주 무르고, 2B 연필은 중간 정도이다.

전사하기

1 트레이싱지를 이미지에 딱 맞는 크기로 자른 뒤 트레이싱지로 이미지를 덮는다.

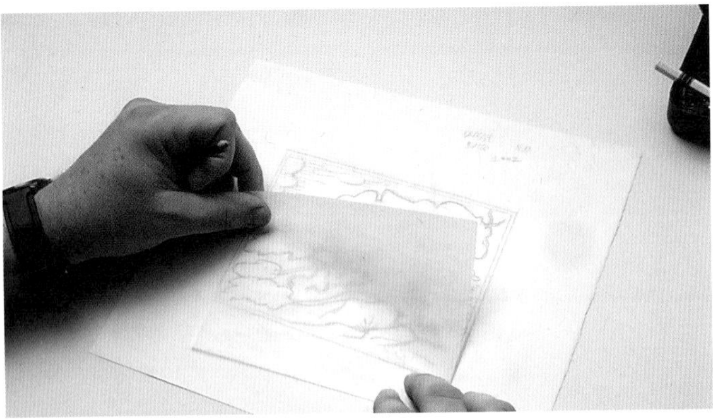

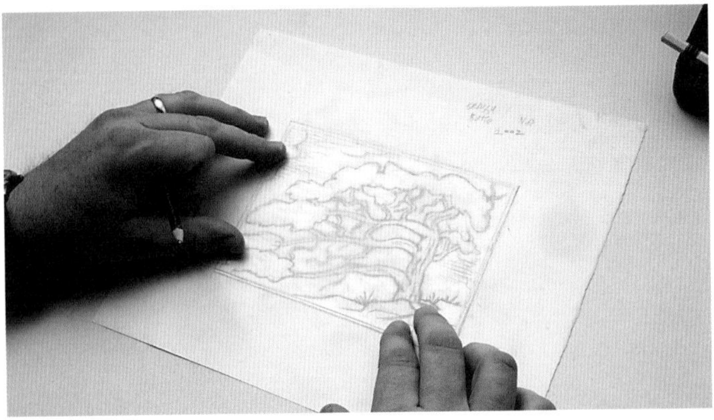

2 트레이싱지의 네 모서리에 마스킹 테이프를 붙인다. 투명 테이프는 사용하지 말 것. 떼내기가 너무 어렵다.

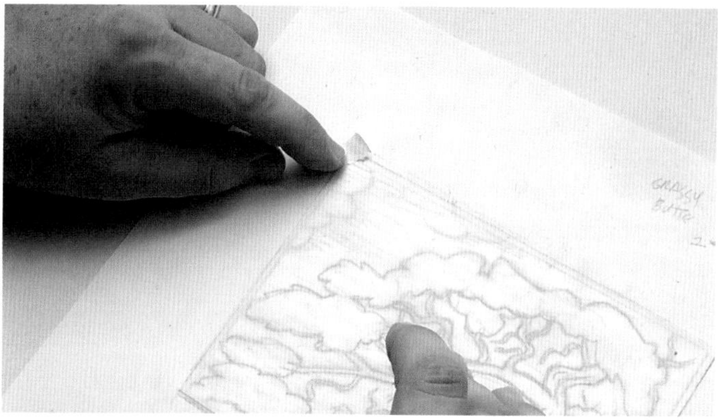

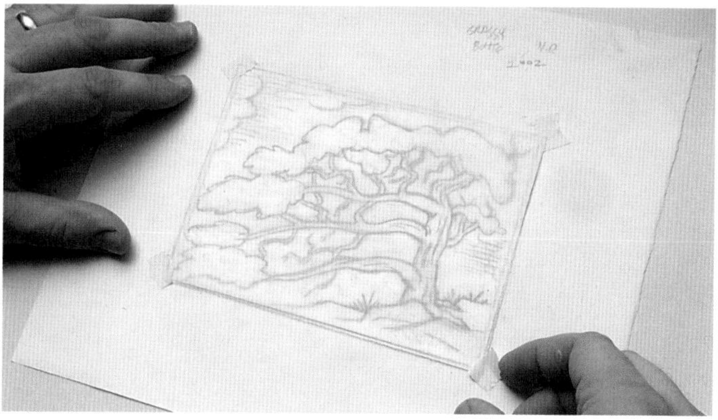

3 심이 무른 6B 연필을 사용해 이미지를 따라 트레이싱지 위에 그린다.

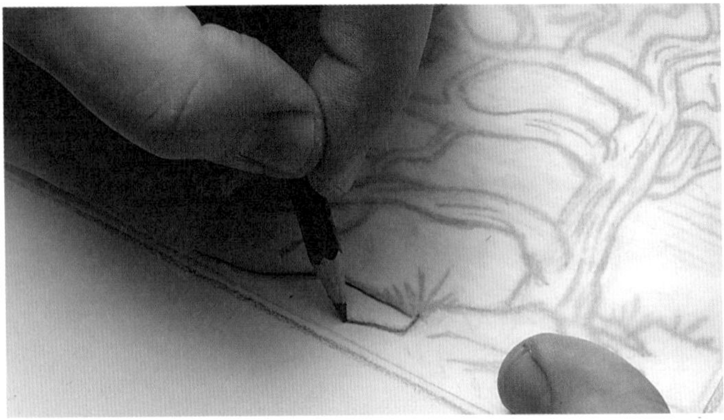

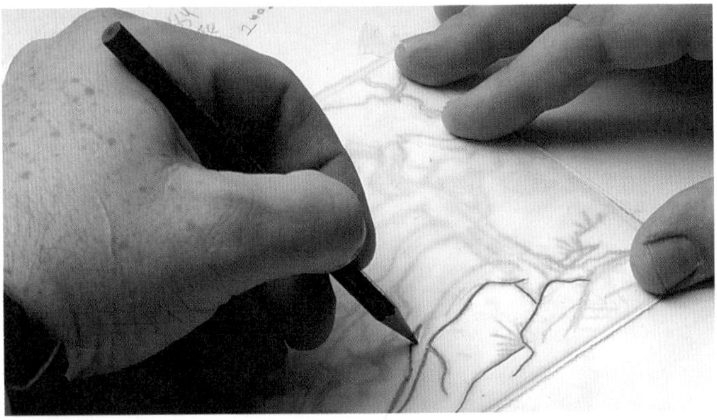

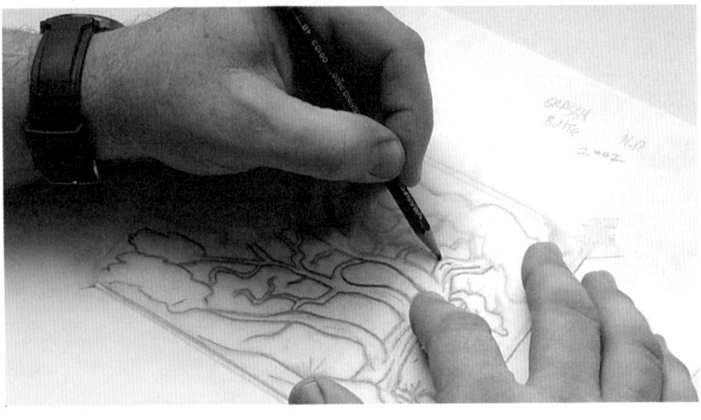

세세하게 옮길 수도 있고, 조각할 부분만 간단히 표시할 수도 있다.

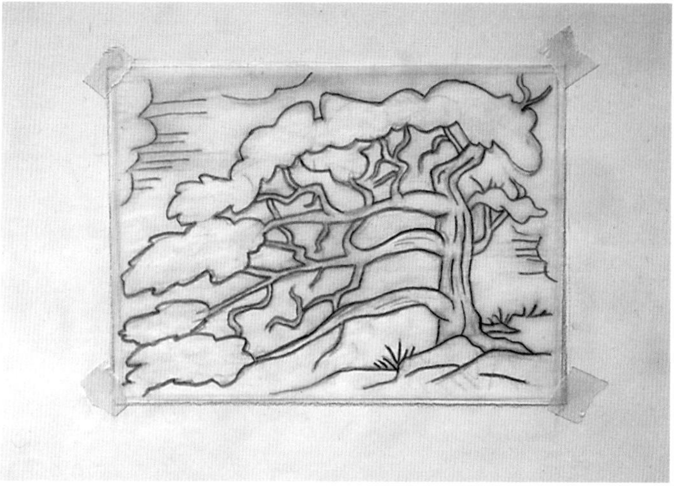

4 다 그리면, 테이프와 트레이싱지를 떼어 낸다.

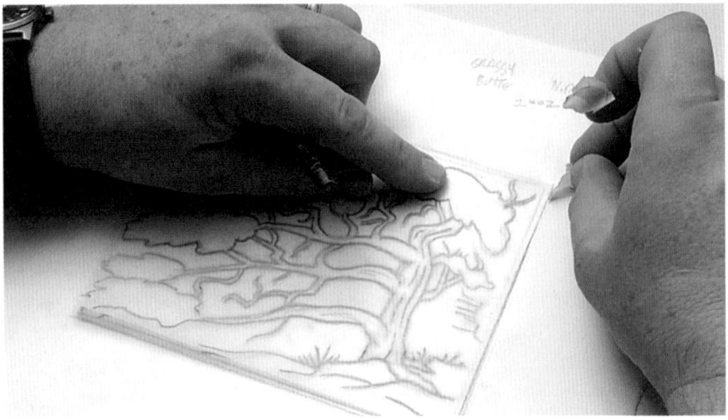

5 그려진 면이 리놀륨판을 향하도록 트레이싱지를 뒤집는다.

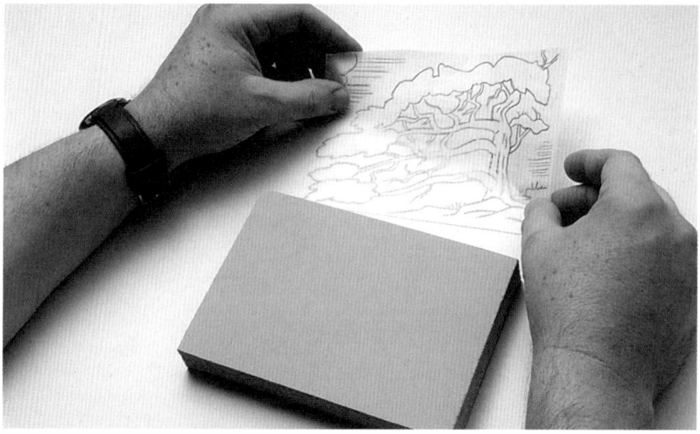

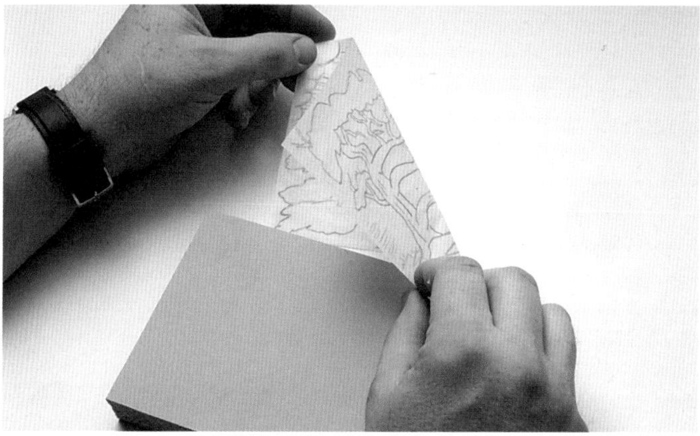

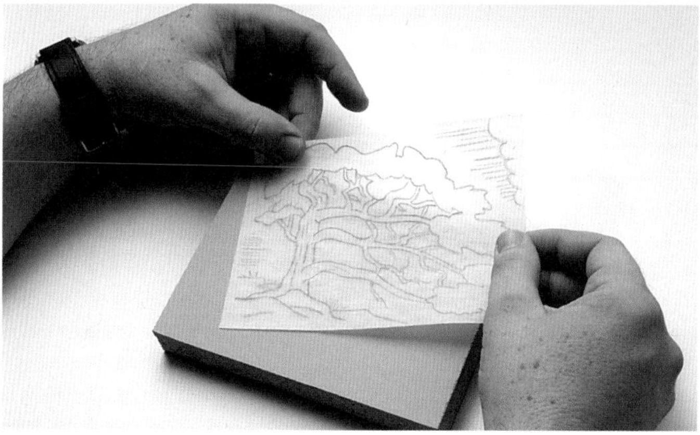

6 트레이싱지의 모서리를 판의 모서리에 맞춘다.

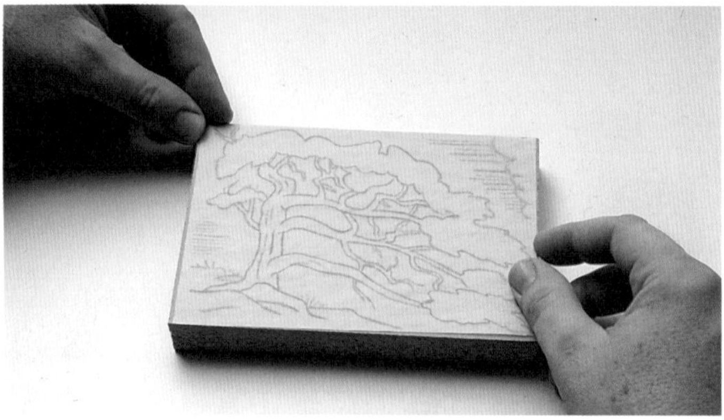

7 모서리에 마스킹 테이프를 붙여 트레이싱지를 고정시킨다.

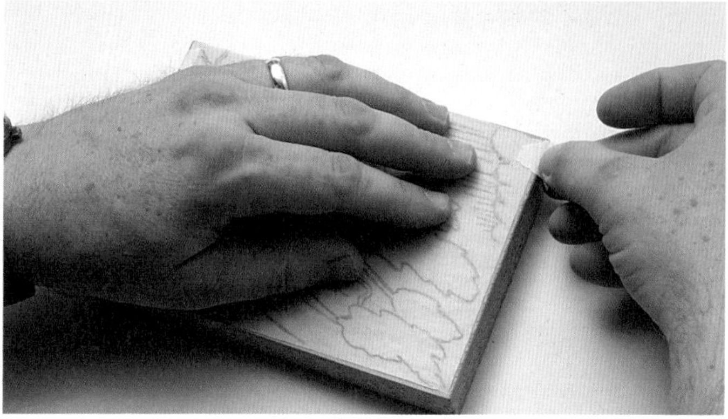

판에는 이미지가 반대로 보인다.

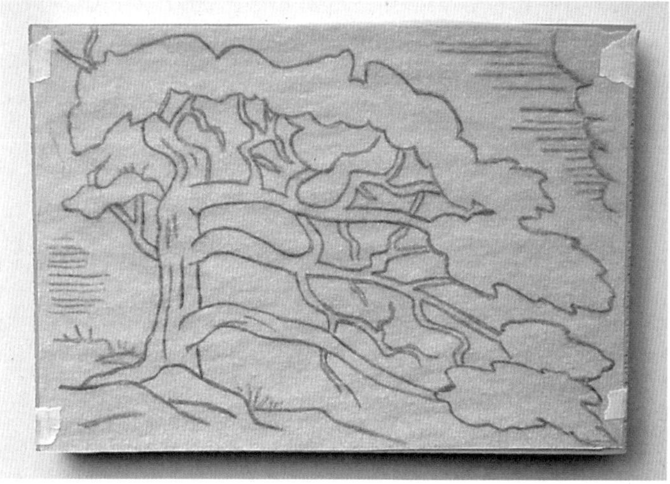

8 6B 연필로 모든 선을 조심스럽게 따라 그린다.

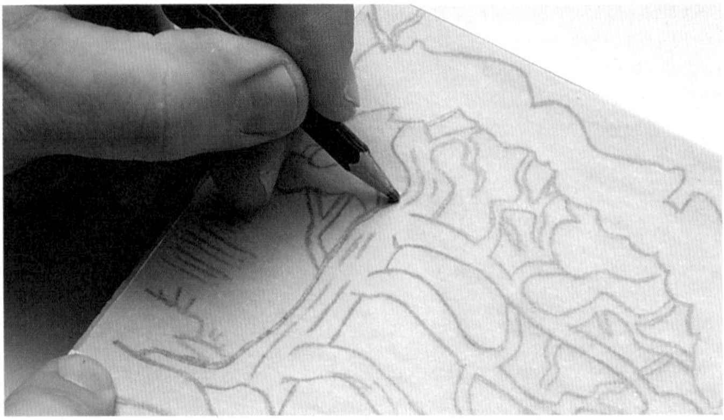

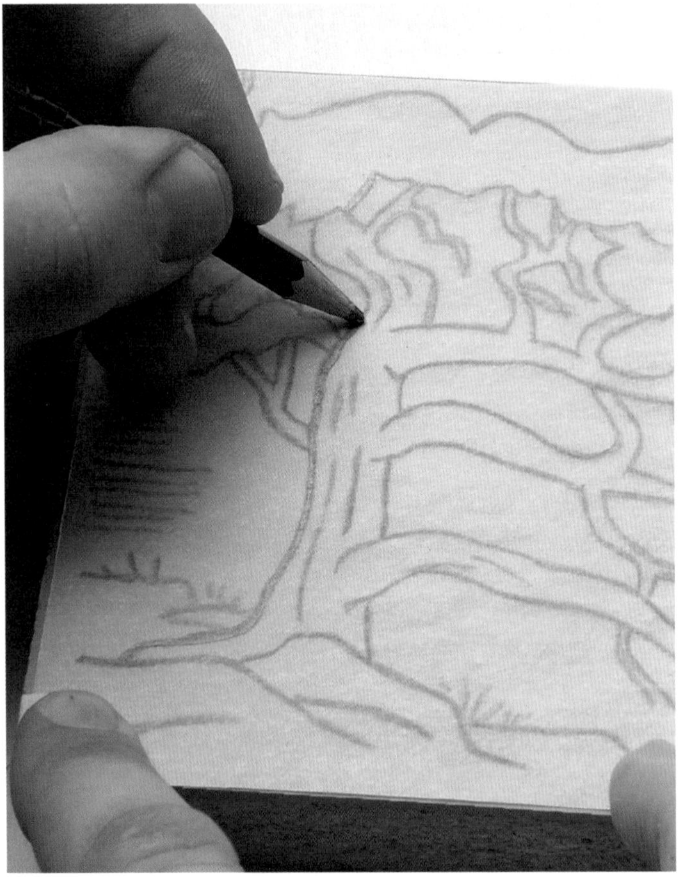

종이 밑면에 있는 연필 자국을 리놀륨판에 옮기기 위한 것이다.
단단한 연필보다 심이 무른 6B 연필을 써야 훨씬 전사하기가 쉽다.

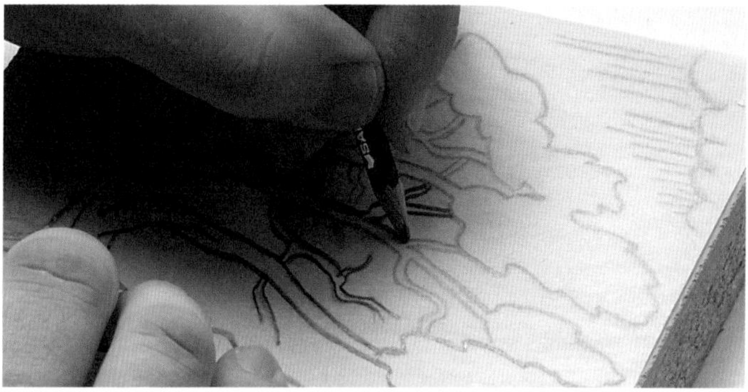

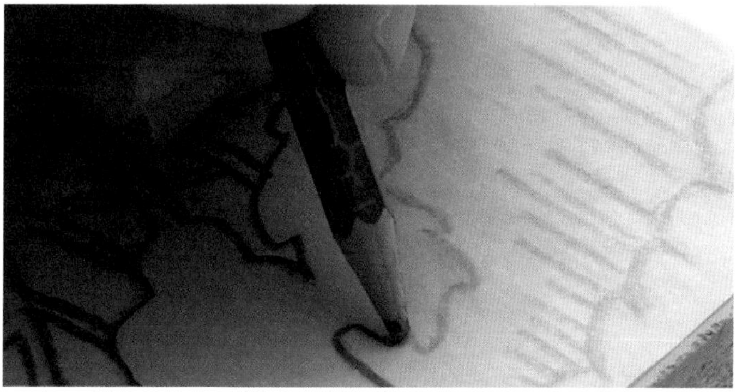

최대한 완벽하게 옮길 수 있도록 선 위를 꾹꾹 누르며 따라 그린다.

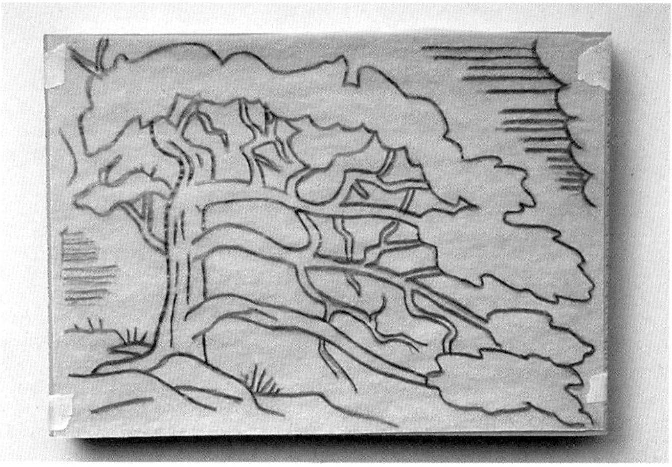

9 트레이싱지 모서리를 한두 군데 들춰 모든 선이 잘 전사되었는지 확인한다.

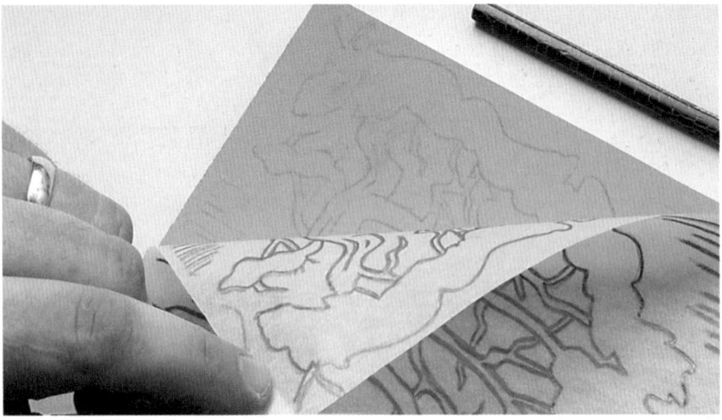

10 전사되지 않은 부분이 있으면, 트레이싱지를 다시 붙이고 놓친 선을 다시 그린다.

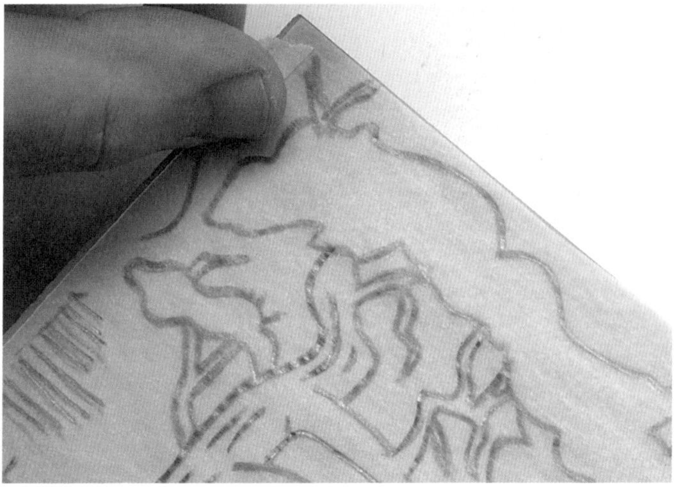

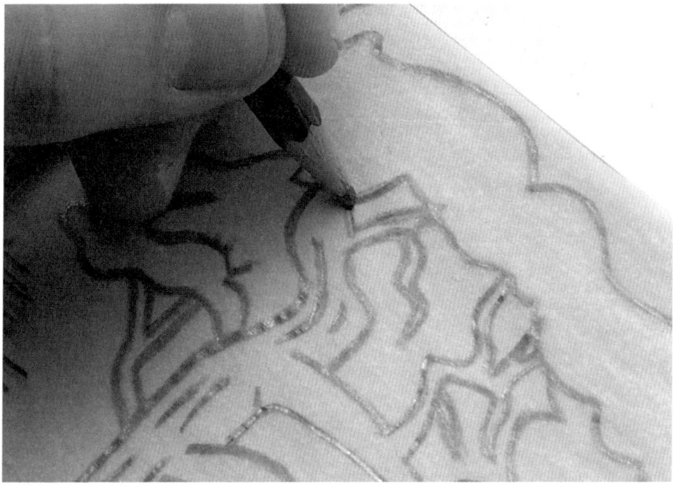

11 이 작업이 끝나면 판에서 트레이싱지를 제거한다.

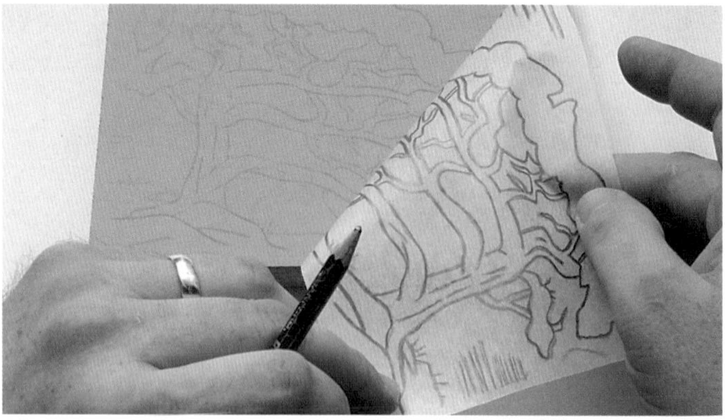

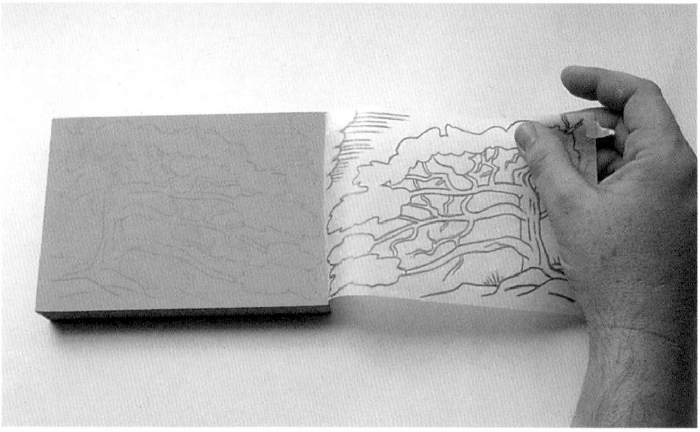

이미지가 리놀륨판 표면에 완벽하고 정확하게 전사되어 있어야 한다.

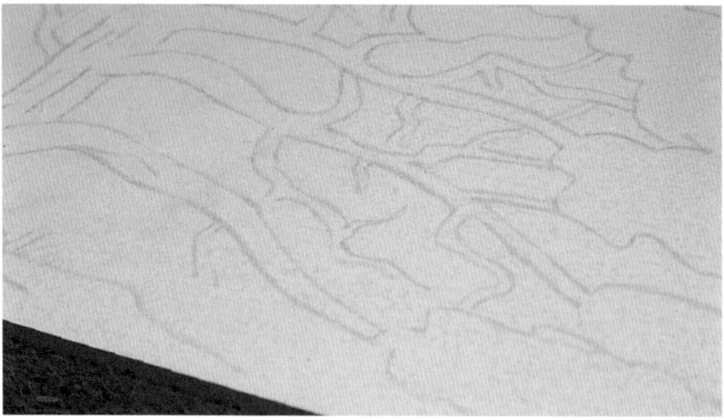

먹지를 사용하여 전사하는 방법

전사할 이미지가 있는 종이를 먹지 위에 겹친 뒤, 먹지의 잉크 부분을 판에 맞대어 두고 마스킹 테이프로 붙인다. 그리고 2B 연필로 종이 위의 선을 따라 그려 전사한다.

이제 바로 조각을 시작할 수도 있지만, 마커로 그림을 다시 그려 주면 좋다. 윤곽선이 선명하고 알아보기 쉬워지며, 연필 자국이 번지거나 지워지지는 않았는지 점검하는 차원이다. 마커는 다양한 굵기로 여러 개를 사용하라. 얇은 촉으로 작은 그림을, 중간 촉으로 큰 그림을 그리거나, 두꺼운 촉으로 인쇄할 영역을 넓게 칠할 수 있다(56쪽 참조).

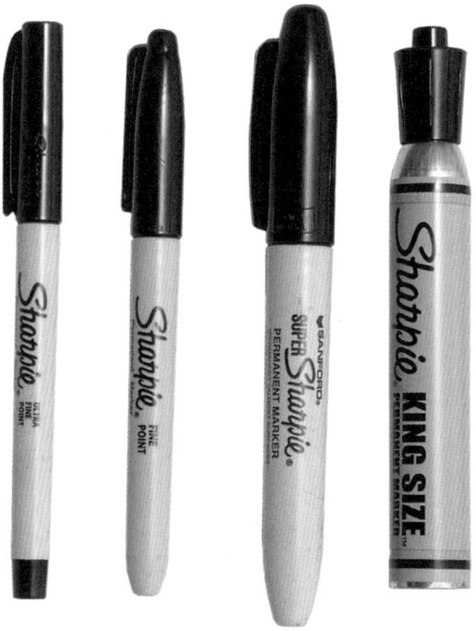

12 마커를 사용해 판에 전사된 모든 선을 다시 그린다.

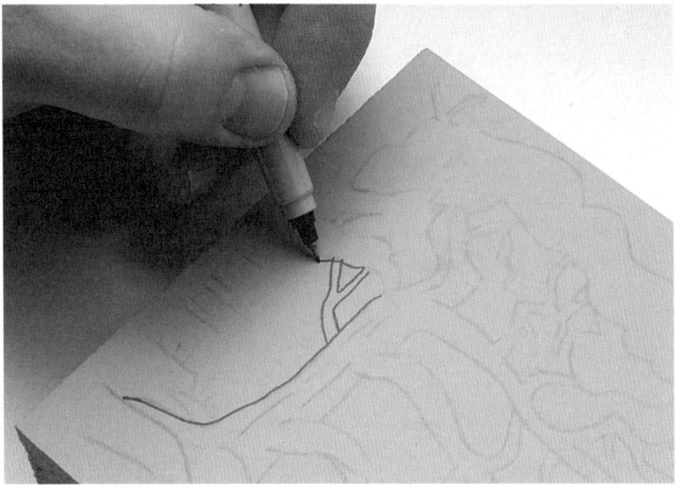

이미지에 얼마나 충실할 것인지는 모두 당신 마음이다. 어차피 조각할 때 선과 모양은 약간씩 달라지게 마련이다. 이것이 판화의 본질이자 매력이다.

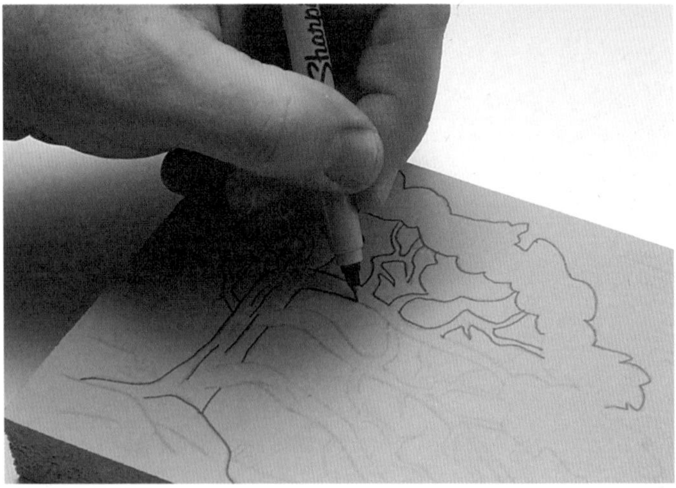

13

전통적인 블록판화는 일반적으로 이미지 주위에 테두리가 있다. 마커를 사용해 판의 가장자리에서 약 5-10mm 띄우고 선을 그린다.

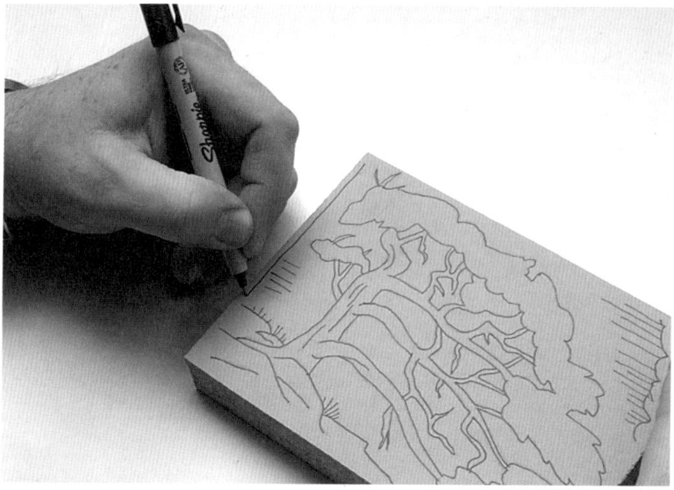

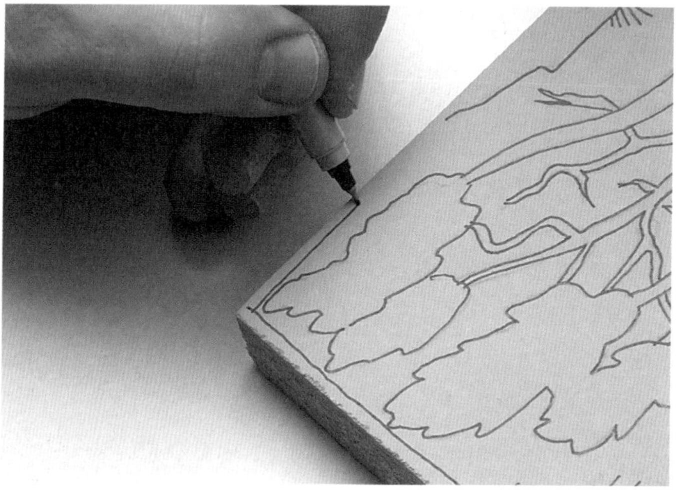

이 테두리는 이미지의 틀을 잡을 때 필요한 것으로, 테두리를 새기지는 않는다.

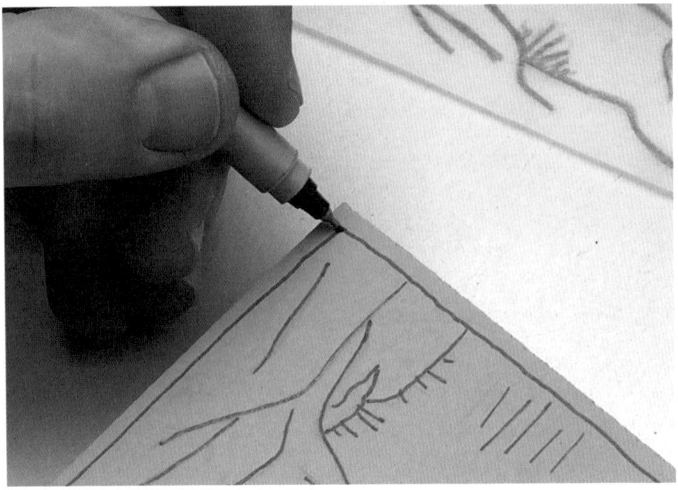

그림이 뚜렷하게 보일 정도로 정리되고 나면, 다음은 판을 조각할 차례다.

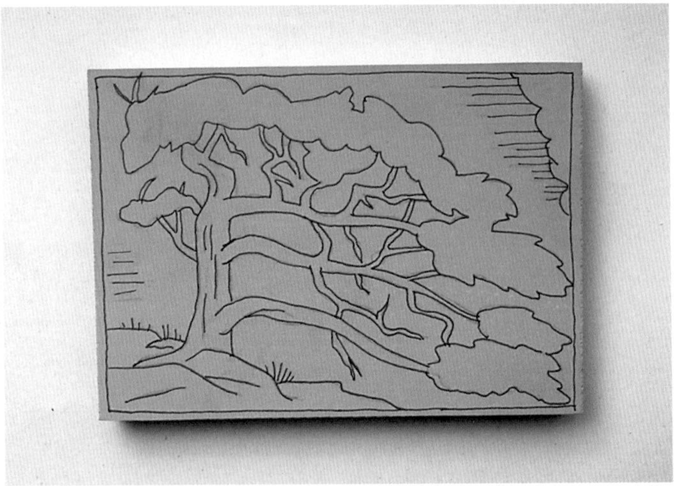

이미지를 전사해 놓은 판과 조각을 마치고 한 번 찍어 낸 판을 나란히 놓고 비교해 보면 조각 과정에서 얼마나 많은 변형이 이뤄지는지 확인할 수 있다.

아래의 두 사진을 비교해 보자. 생동감을 주기 위해 배경을 모두 파내지 않고 일부 남긴 모습과, 깊이를 표현하기 위해 나무줄기에 몇 줄을 파낸 모습을 볼 수 있다.

경험을 쌓다 보면 이미지가 실제로 어떻게 새겨질지 예상할 수 있을 것이다.

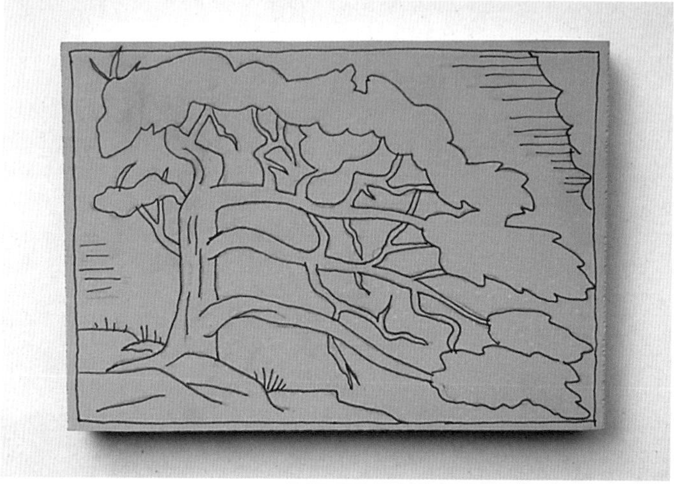

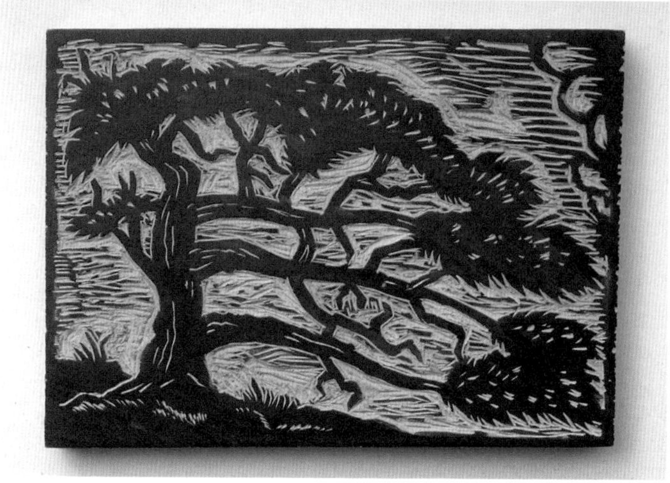

리놀륨판화

리놀륨 및 나무 조각에는 다양한 도구를 사용할 수 있다. 닳으면 교체할 수 있는 저렴한 것부터 거의 영구적으로 쓸 수 있는 강철로 된 값비싼 것까지 종류가 다양하다.
조각 도구는 일반적으로 리놀륨을 조각할 때 더 빨리 닳는다는 것을 알아 두자. 그래서 리놀륨용 조각 도구와 나무용 조각 도구는 서로 교체해 쓸 수 없다.

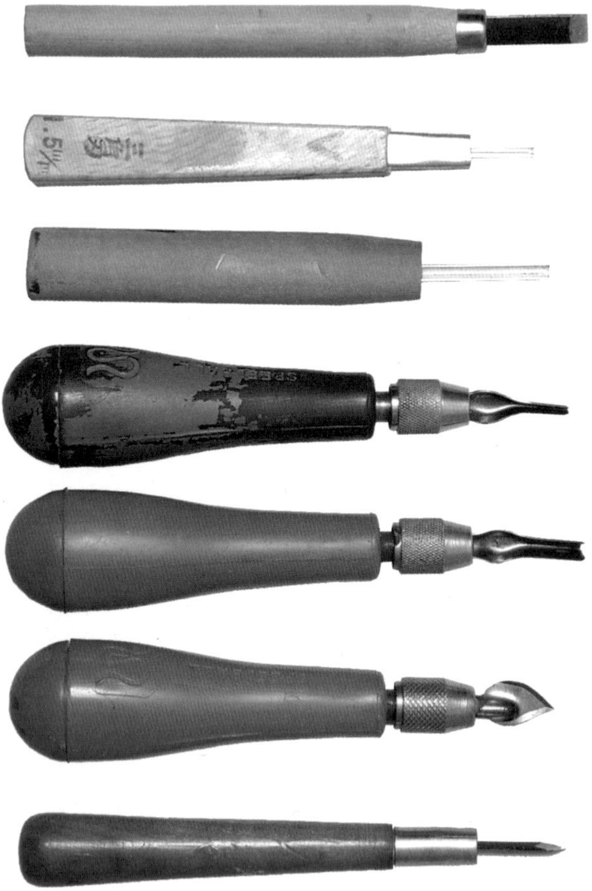

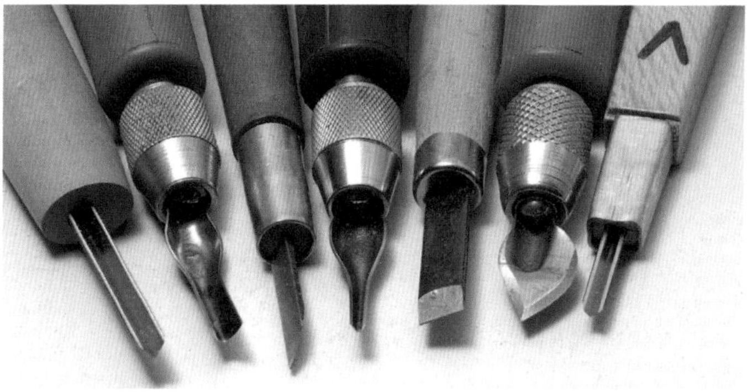

가장 유용한 도구는 U자형과 V자형 조각끌이다. 이것만 있으면 대부분의 리놀륨 조각에 큰 어려움이 없다. 나무 조각에 많이 사용되는 조각칼은 리놀륨을 조각할 때 제한이 있긴 하지만, 어떤 예술가들은 편의상 사용하기도 한다. 미술 전문 브랜드인 스피드볼Speedball에는 리놀륨 조각을 위한 도구 라인이 따로 있는데, 텍스처와 너비가 다양하다. 일반적으로 조각끌이라고 하며 크기와 모양에 따라 1호에서 5호로 나뉜다. 1호는 소형 V자형 끌, 2호는 대형 V자형 끌, 3호는 소형 U자형 끌, 4호는 사각끌, 5호는 대형 U자형 끌이며, 6호는 조각칼이다.

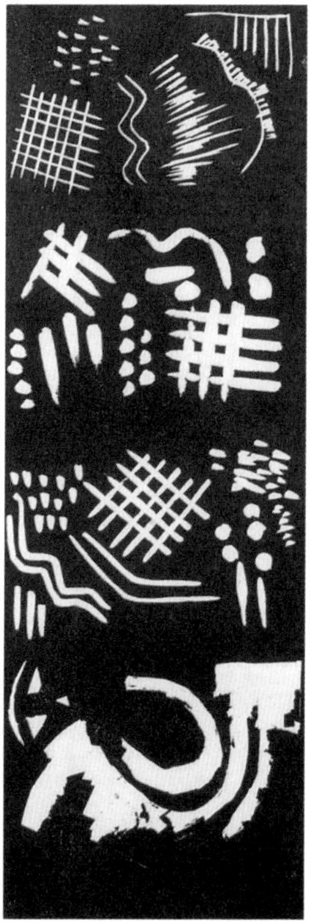

끌의 모양과 크기에 따라 다양한 홈을 새길 수 있다. 오른쪽 사진의 맨 위 홈은 1호 끌로 새겼으며, 바로 아래는 5호로, 그 아래는 3호로, 그리고 제일 아래는 6호 조각칼로 새긴 것이다.

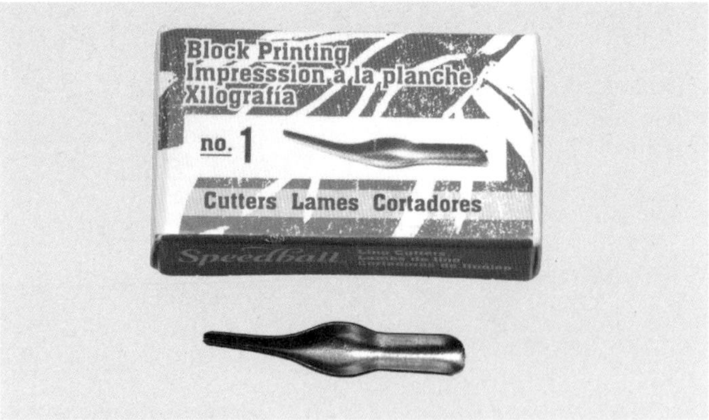

리놀륨판화를 이제 막 시작하는 사람에게는 값싸고 교체 가능한 조각끌 한두 개가 적당하다. 실제 판화 전문가들도 이 도구들을 사용하여 멋진 작품을 만들어 내고 있다.

작은 브러시와 쓰레받기가 있으면 조각 부스러기들을 치우는 데 아주 유용하다.

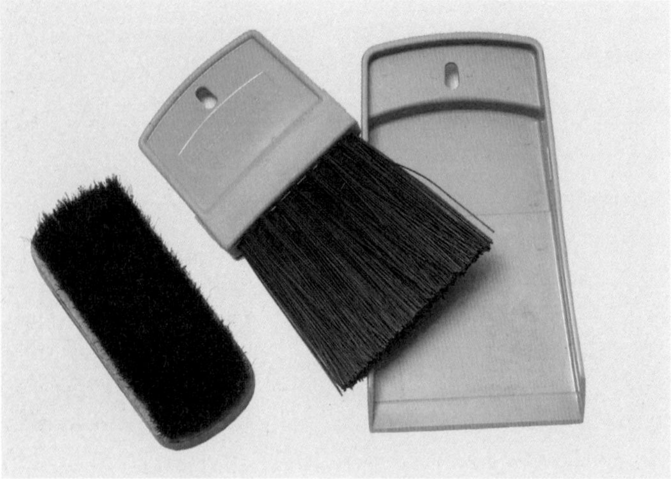

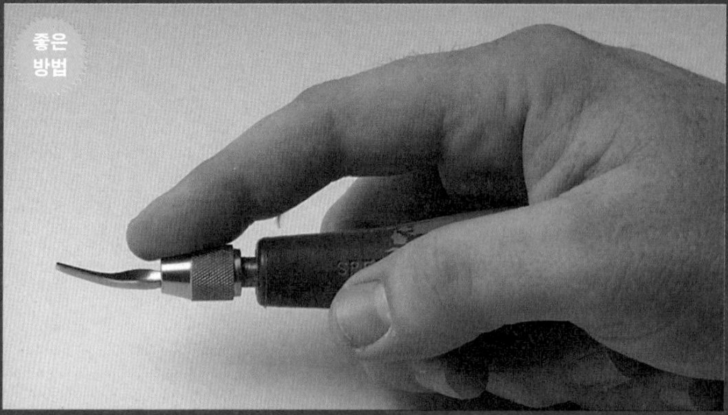

도구를 잡는 법과 손가락의 위치가 중요하다. 조각도를 손바닥으로 쥐고 검지를 조각도의 나사 부분 또는 날의 목에 올릴 것.

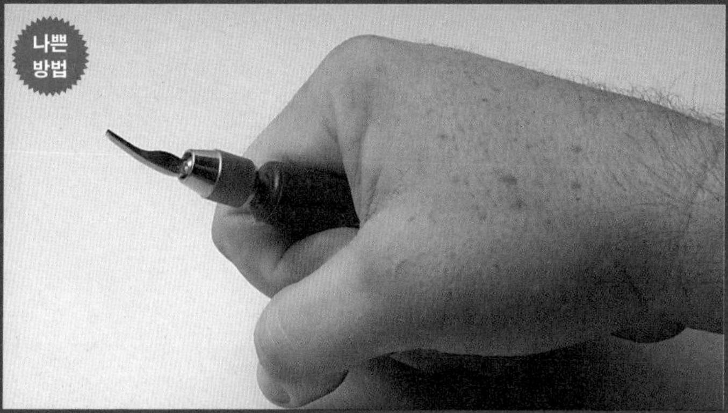

도구를 주먹으로 쥐지 말 것.

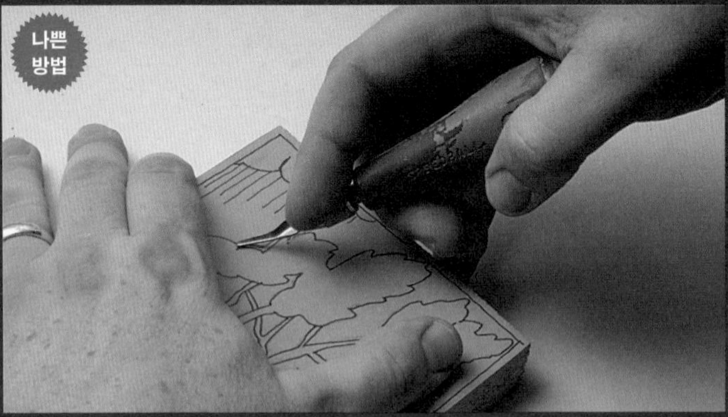

위의 사진처럼 조각도를 쥐지 않은 손을 도구 앞에 두지 말 것. 조각도가 미끄러지면 손을 다칠 수도 있다. 나무용 조각 도구는 훨씬 날카로우므로, 나무를 조각할 때는 손을 두는 위치가 특히 중요하다. 그러나 조각 도구가 미끄러지는 경우는 나무뿐 아니라 리놀륨을 조각할 때도 흔히 일어나므로 조심하는 것이 좋다.

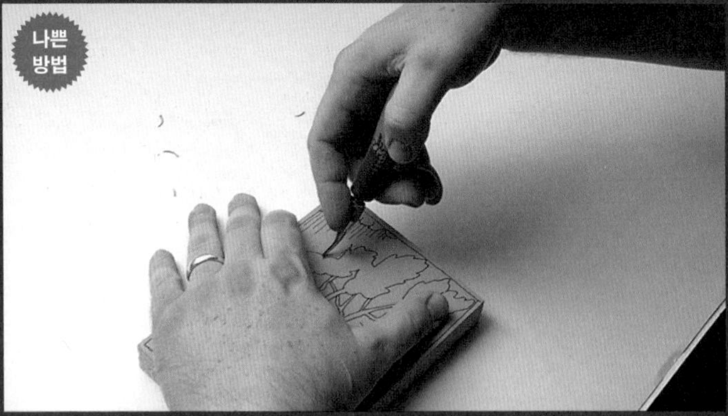

이 방법은 이중으로 잘못되었다. 손이 조각도 앞에 놓여 있는 데다, 조각도가 너무 가파르게 세워져 있다.

조각하기

1 조각도를 쓰지 않는 반대쪽 손은 필수적으로 쓰진 않지만, 조각할 때 도움이 되는 경우가 많다.

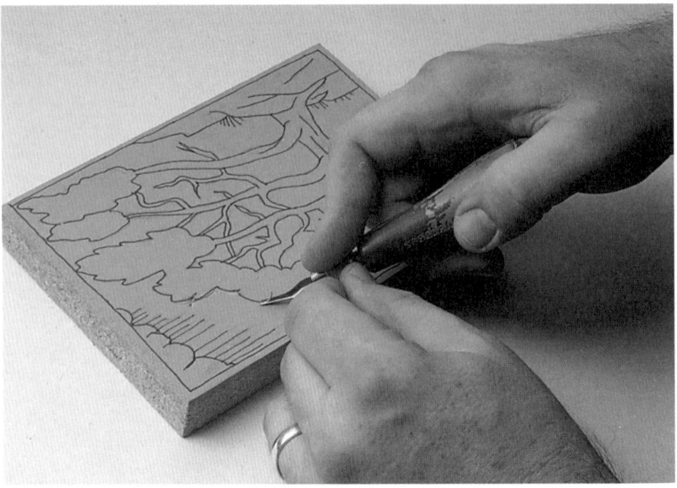

2 왼손 검지 끝을 끌의 상단에 올린다. 그리고 날을 살짝 밀며 아래로 누른다. 이때 왼손은 판을 고정시키는 역할도 하게 된다.

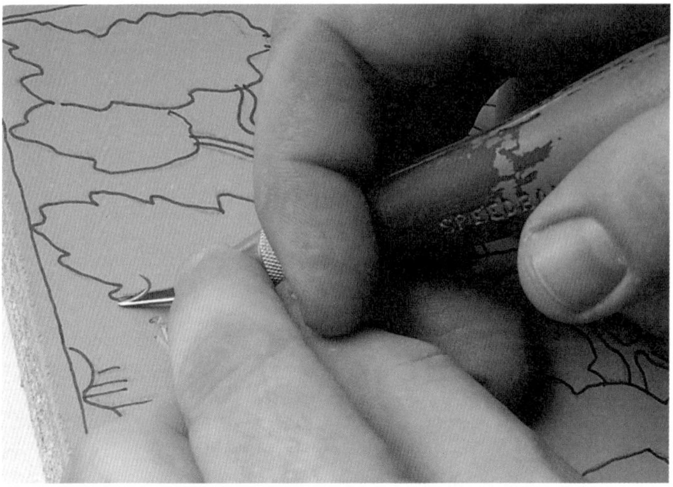

작은 U자형 조각끌로 얇게 깎아 내고 있다.

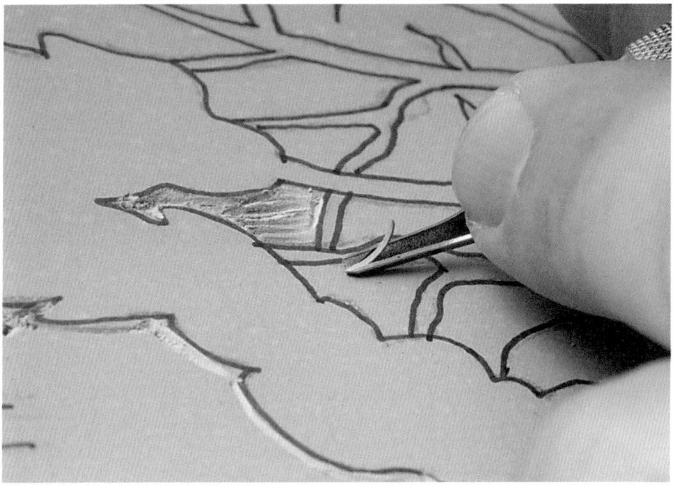

3 조금씩만 파낼 것. 언제든 더 파낼 수 있다.

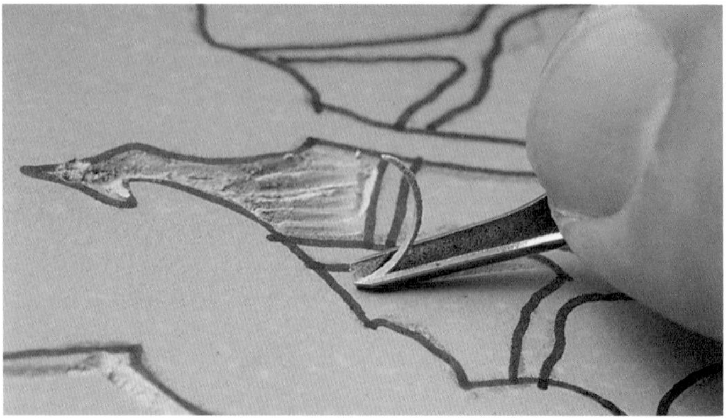

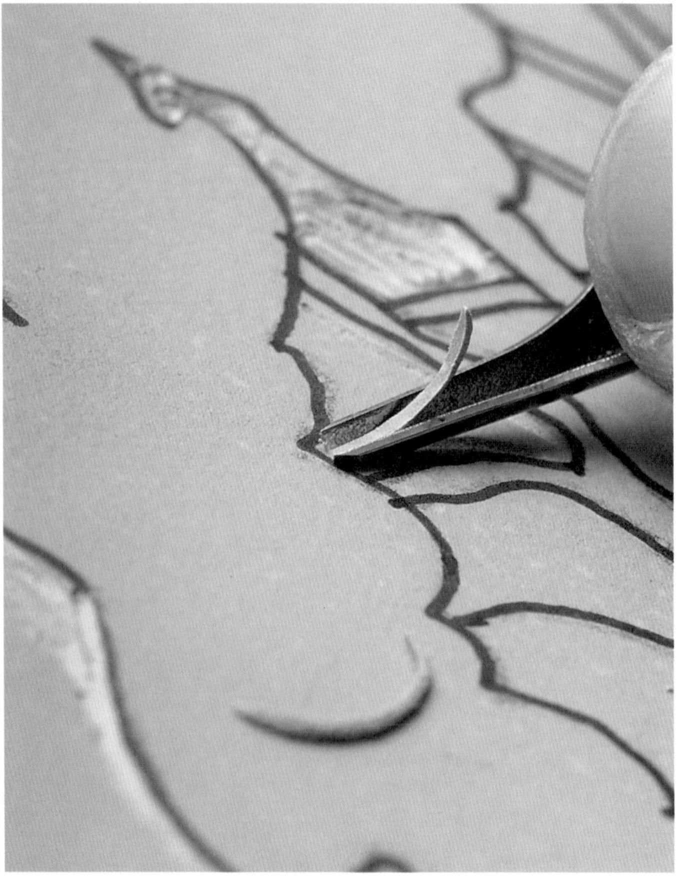

4 너무 깊이 파내지 말 것. 인쇄되지 않을 정도로만 얕게 파내도 충분하다.

조각도를 흔들면서 파면, 칼이 미끄러져 잘못 팔 수 있다.

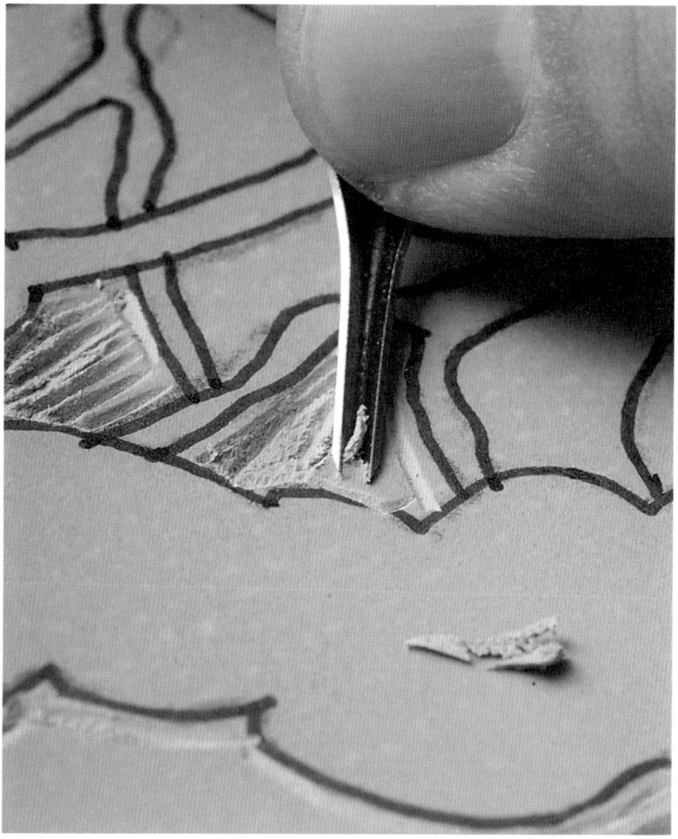

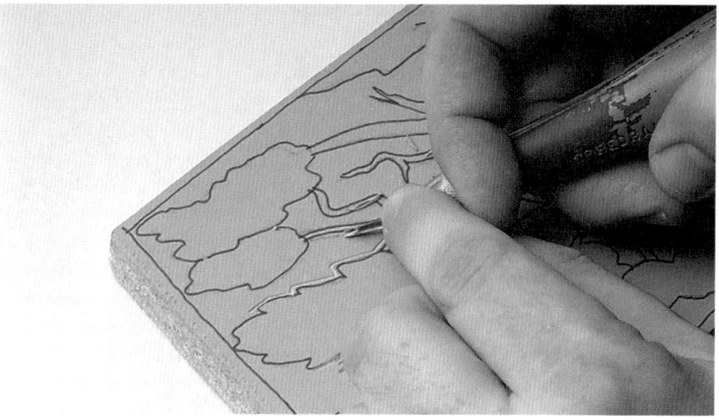

5 어느 쪽에서부터 시작해도 무방하다. 인쇄하고 싶은 부분은 남기고 나머지 부분은 파내면 된다.

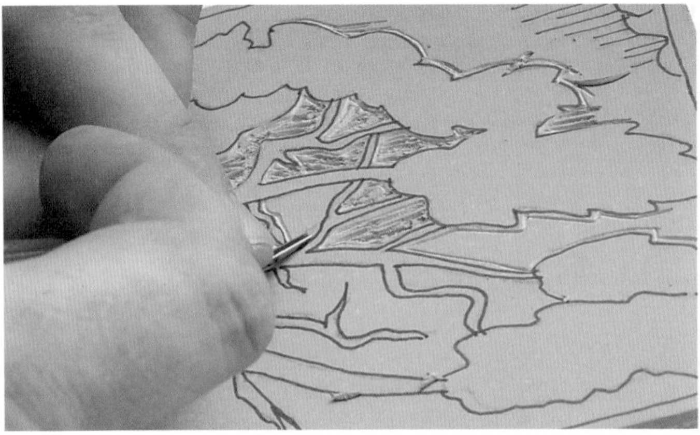

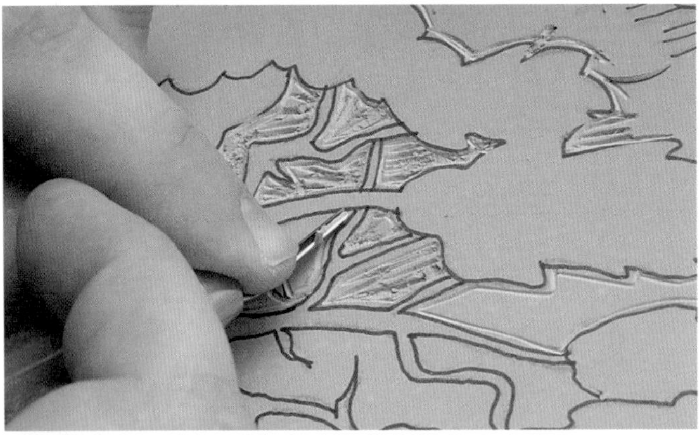

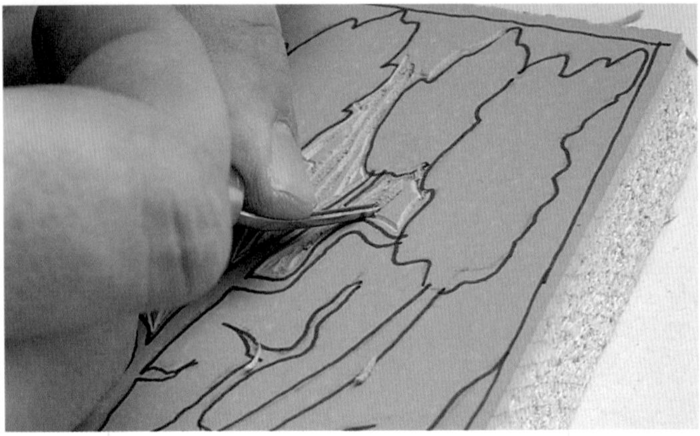

볼록판화의 특징은 인쇄 영역인 아닌, 여백에도 독특한 질감을 표현할 수 있다는 점이다. 미처 다 파내지 않은 선이나 자국들이 결과물에 나타나기 때문이다. 이러한 흔적들이 이미지에 생동감을 더해 수작업의 느낌을 부각시키며, 표현의 질을 높여 준다. 깔끔한 느낌을 선호한다면 표면의 선이나 자국들을 모두 파내도 된다.

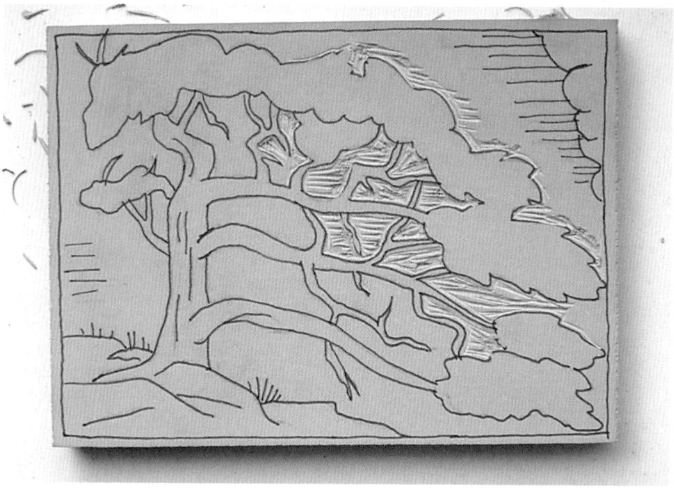

큰 조각끌로는 한 번에 더 많이 파낼 수 있다.

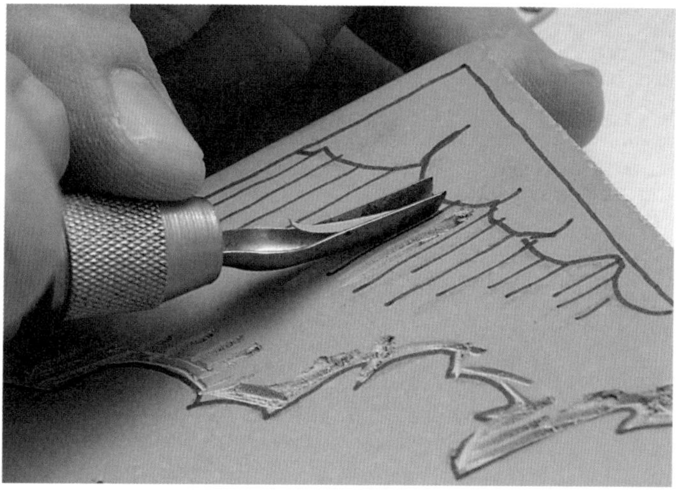

6 칼을 계속 바깥쪽으로 밀면서 파기 위해서는 판을 계속 돌려 가며 파야 한다.

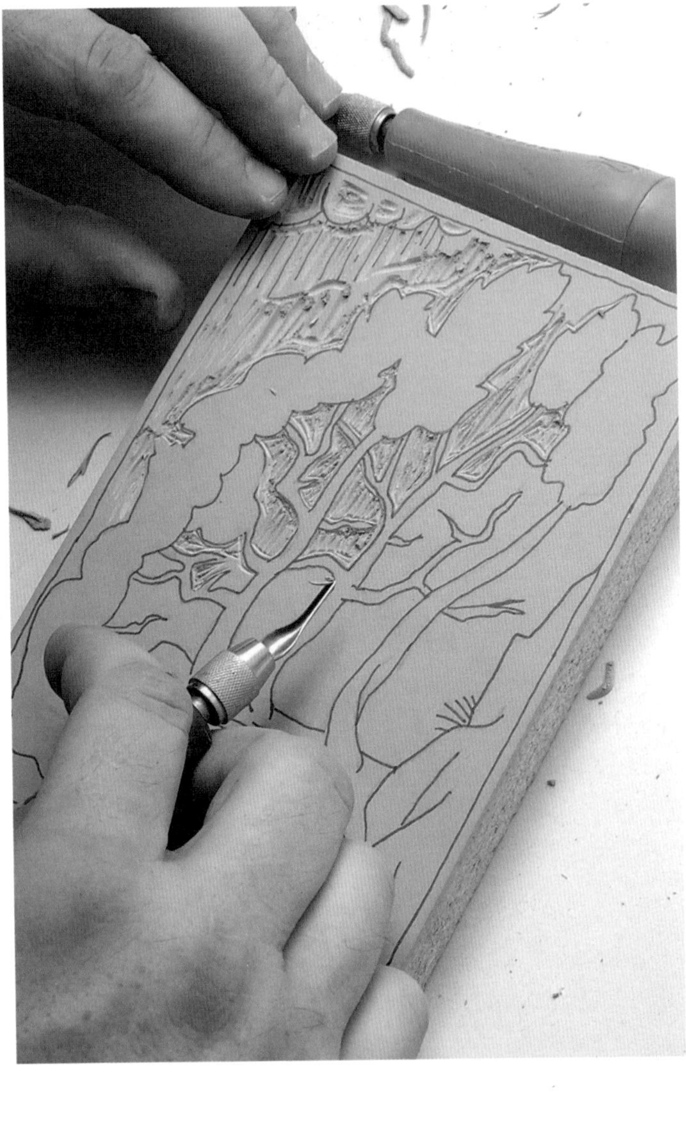

7

하늘에 넣은 선을 유심히 볼 것. 평행한 선들을 표현하기 위해 넓은 U자형 조각끌을 사용하였다.

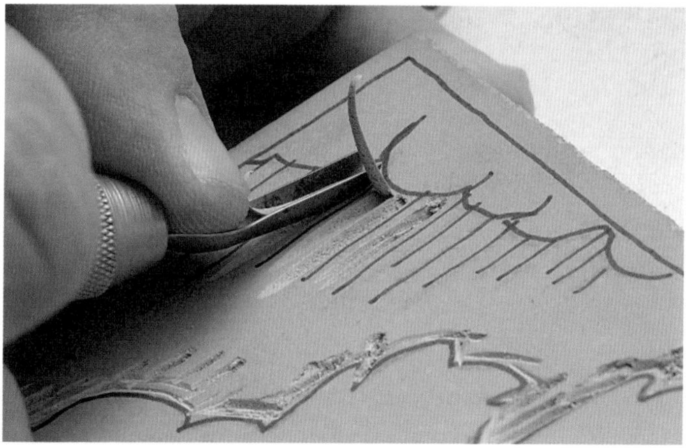

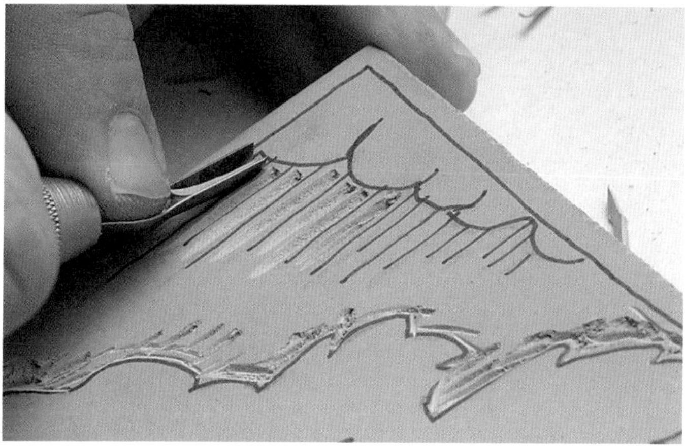

8 이제 조각끌로 구름의 윤곽선을 파낸다.

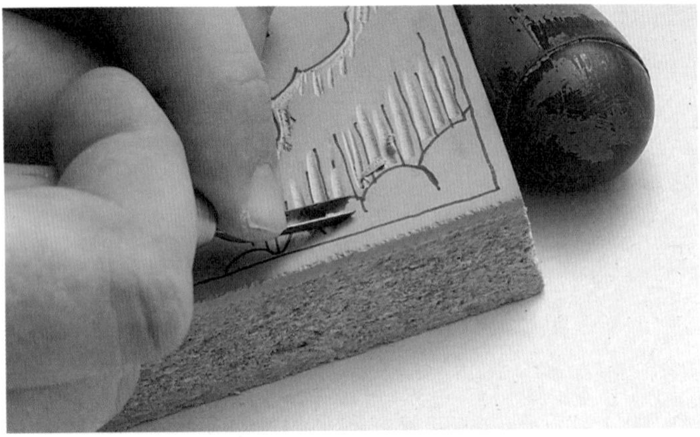

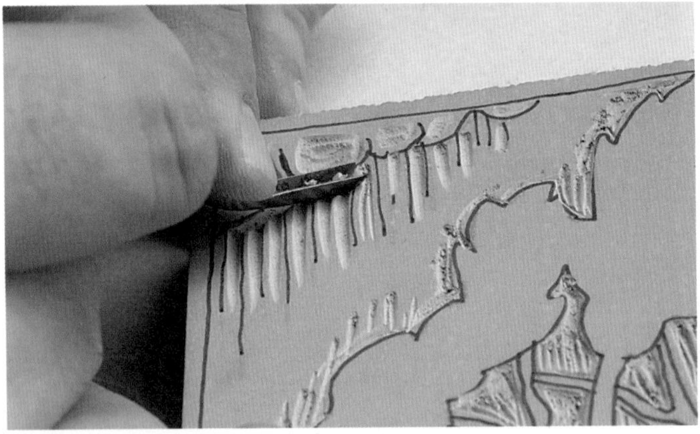

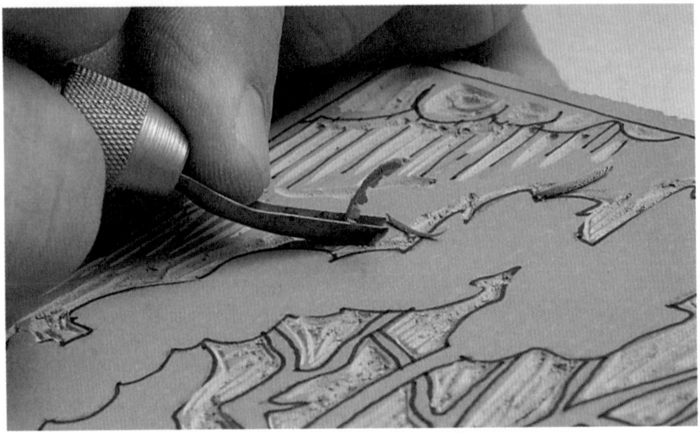

9 경험이 쌓일수록 조각한 부분이 전체적으로 어떻게 보이게 될지 알 수 있다.

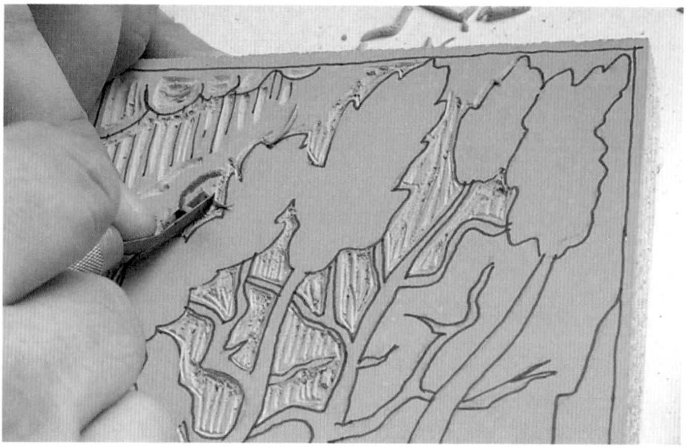

10 찬찬히 신중하게 한 획 한 획 파내면 최상의 결과를 얻을 수 있다. 절대로 한 번에 너무 많이 파내지 말 것. 그리고 조각할 때는 판을 몸에 가까이 둘 것.

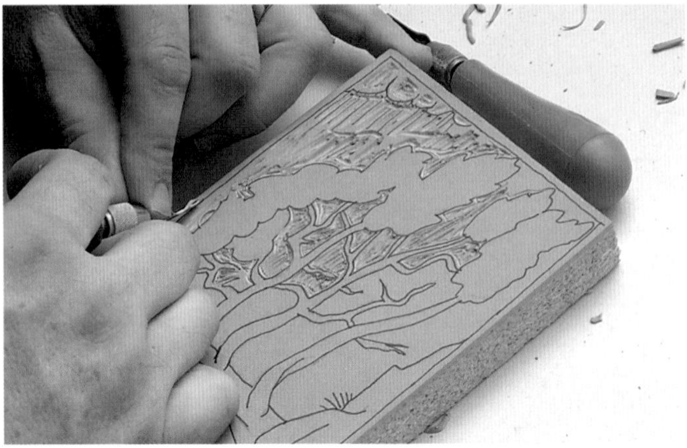

11 브러시로 판을 쓸어 부스러기들을 치운다.

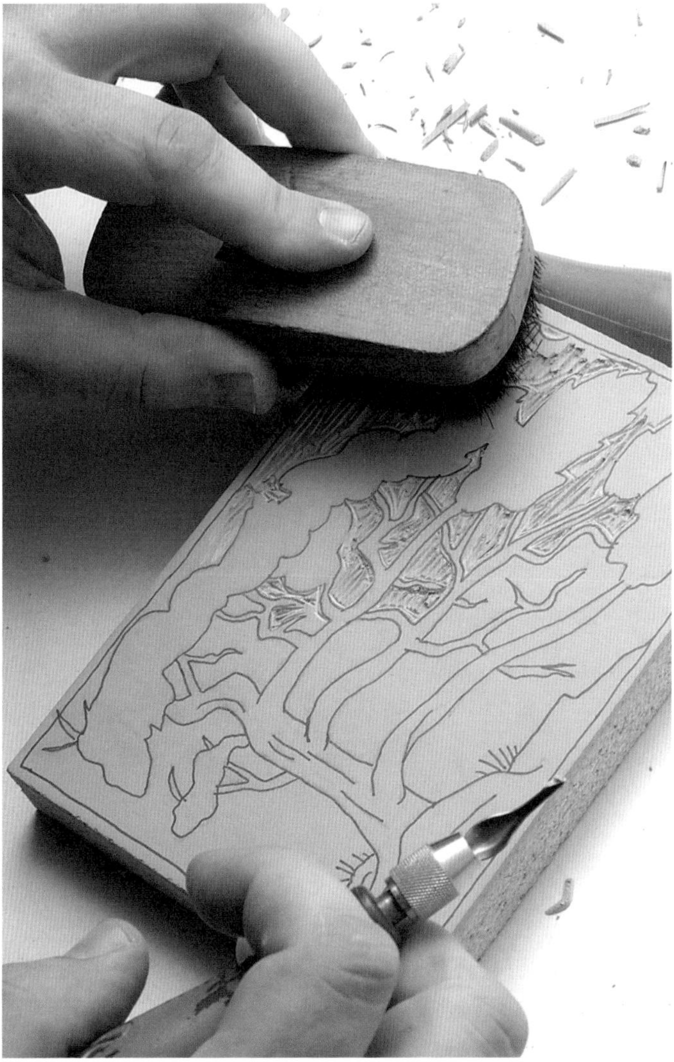

12 두꺼운 마커를 사용해 파내지 않은 부분을 칠해 보자. 조각한 판이 어떻게 인쇄되어 보일지 미리 볼 수 있다. 칠해진 부분이 인쇄될 영역이다. 조각을 하는 동안에 중간중간 색칠해도 된다.

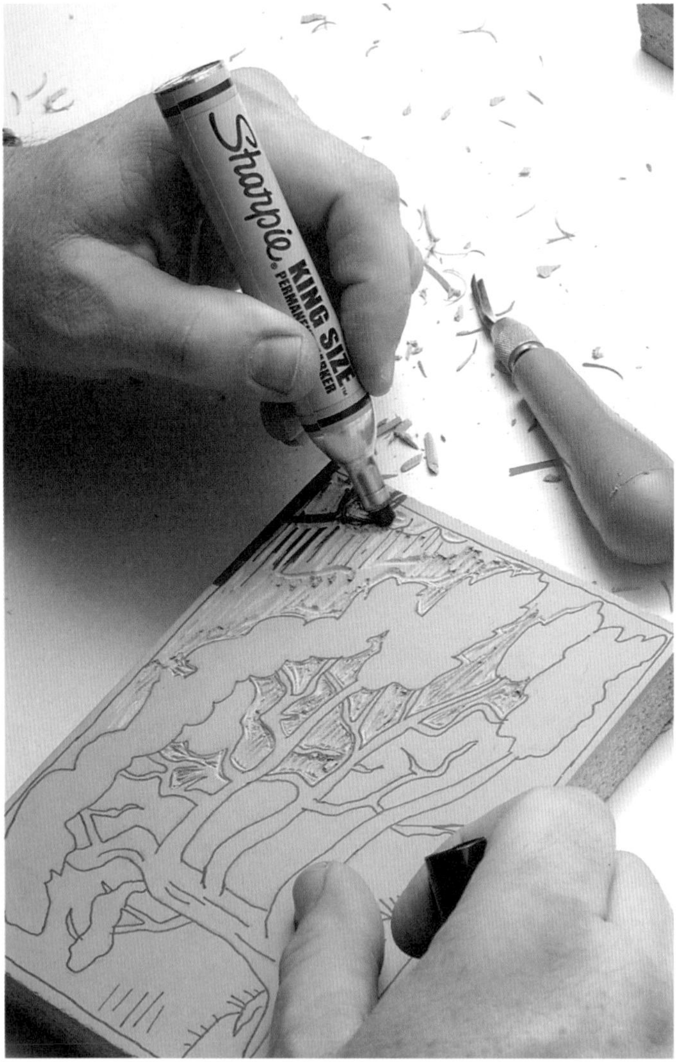

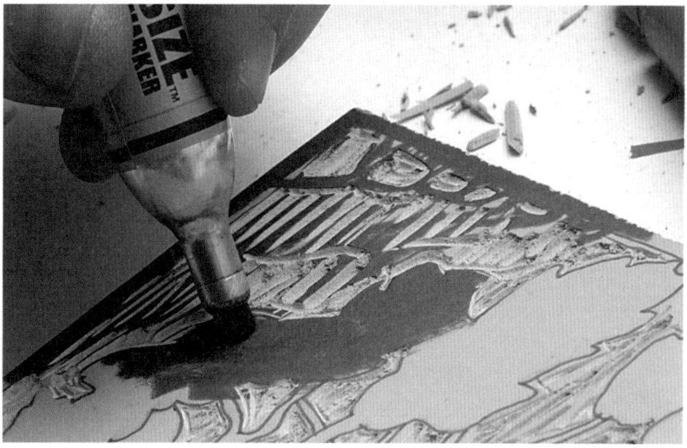

절반을 조각한 뒤 색칠했고, 나머지 절반은 그대로 남아 있는 상태이다.

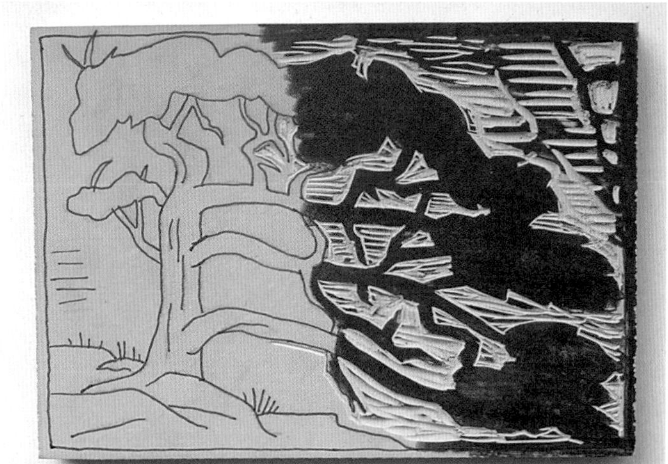

13 판이 원하는 모양이 될 때까지 추가로 파낸다.

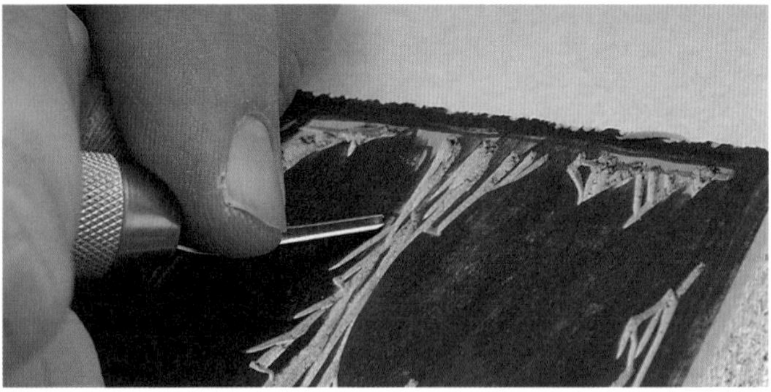

넓고 어두운 부분에 작은 홈을 파내어 명암과 질감을 만든다.

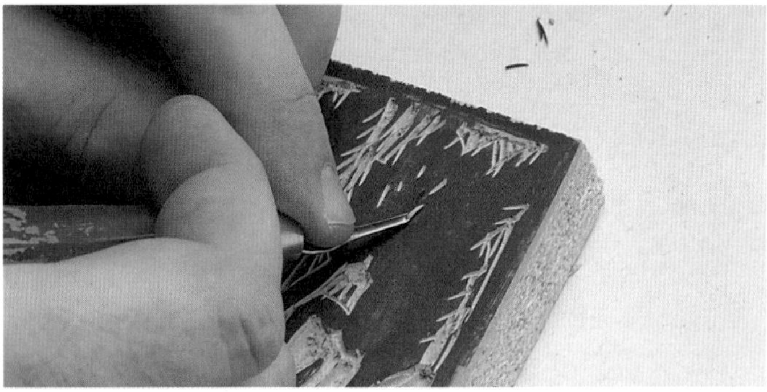

조각이 끝나면 종이를 꺼내고 인쇄할 준비를 한다.

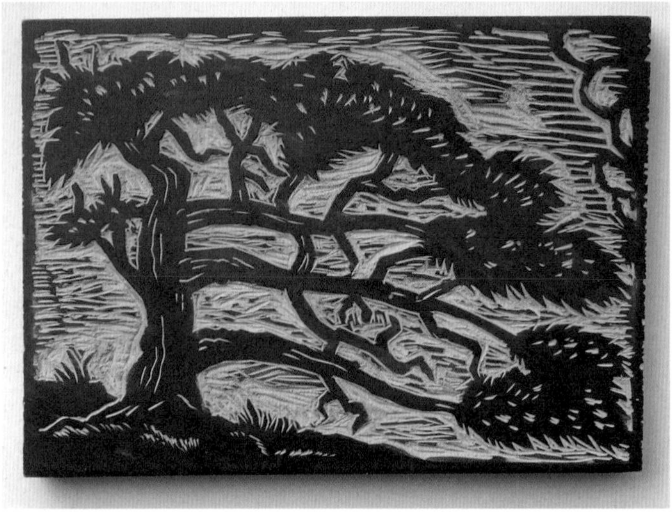

리놀륨판화 혹은 목판화를 어떤 종이에 찍느냐에 따라 작품의 느낌이 달라진다. 두꺼운 종이는 압력을 주어 찍으면 엠보싱 효과를 내기 좋고, 얇은 종이는 수작업 인쇄(문지르개를 사용한 인쇄)에 적합하다. 대형 화방이나 종이 판매점에 가면 샘플북이 있어 원하는 색감 · 질감의 종이를 직접 살펴보고 선택할 수 있으며, 낱장으로도 구매할 수 있다. 종이에 대한 선호도는 각자 다르기 때문에 다양한 종이를 사용해 보는 것을 추천한다.

장지Koreanpaper 동양화에 주로 사용하는 종이로 2합, 3합, 4합 등 결합 횟수에 따라 구분한다. 닥나무 껍질을 사용하여 제작하는 섬유지로, 질기고 흡수력이 좋다. 수성 잉크를 사용하여 목판화 작업을 할 때에는 아교*를 녹인 물을 칠해 잉크의 번짐 정도를 조절할 수 있다. 인터넷이나 대형 화방, 종이 판매점 등에서 구매할 수 있다.

판화지 코튼cotton으로 제작하는 종이로 판화 작업에 많이 쓰여 판화지라고 부른다. 색채 표현력이 좋고, 장기간 보존이 가능한 중성지로 조직이 유연해 잘 늘어나며 쉽게 찢어지지 않는다. 제작사의 로고가 찍힌 워터마크가 있고, 수제지의 특징을 살린 재단면을 데클deckle 혹은 데클 에지deckle edge라 부른다. 표면이 매끈한 종이는 수작업 인쇄에 적합하고, 표면에 돌기가 있는 종이는 프레스기를 이용한 인쇄에 적합하다.

라이싱 스톤헨지 Stonehenge 100% 코튼을 함유한 미국의 라이싱사가 제작하는 중성지로, 표면이 매끄러워 수작업 인쇄에 적합하다. 245g/m^2이며, 파스텔 등 색상 선택의 폭이 넓다.

로자스피나Rosaspina 대중적으로 많이 사용하는 판화지로, 코튼 60%가 함유되어 있고 표면이 매끈한 편이다. 미색과 흰색으로 구분되고, 220g/m^2과 285g/m^2이 있다. 제조사인 FABRIANO의 로고가 워터마크로 찍혀 있고 2면에 데클이 있다.

하네뮬레Hahnemuhle 독일 하네뮬레사에서 제작하는 100% 코튼지로 저먼에칭German Etching이라고도 부른다. 표면에 미세한 엠보싱이 있고, 압력을 주는 정도에 따라 잉크의 흡수 정도를 조절할 수 있어, 수작업으로 인쇄할 때와 프레스기를 이용하여 인쇄할 때 다른 결과물이 나올 수 있다.

* 동물의 가죽 · 힘줄 · 뼈를 끓여 만든 동물성 접착제

종이 준비하기

전통적으로, 인쇄용 종이는 손으로 찢어서 준비한다. 절대로 가위나 칼로 자르지 않는다. 긴 쇠자를 사용해 종이를 찢으면 된다.

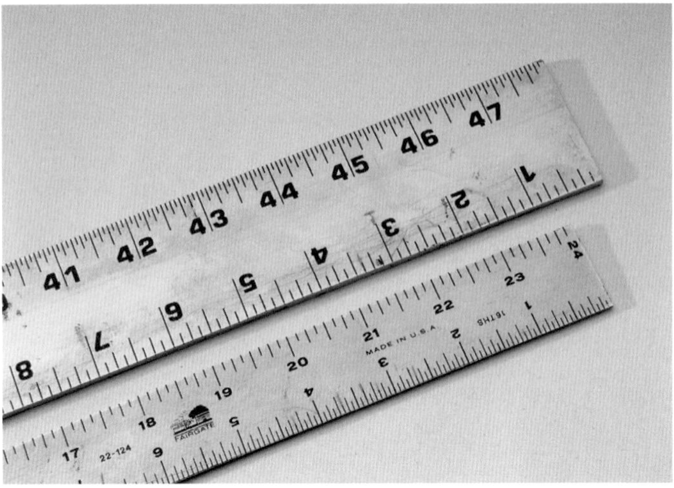

1 큰 용지를 4분의 1로 찢으려면, 먼저 긴 면의 반절을 측정한다. 가운데에 긴 자를 대고 상단에 연필로 표시한다.

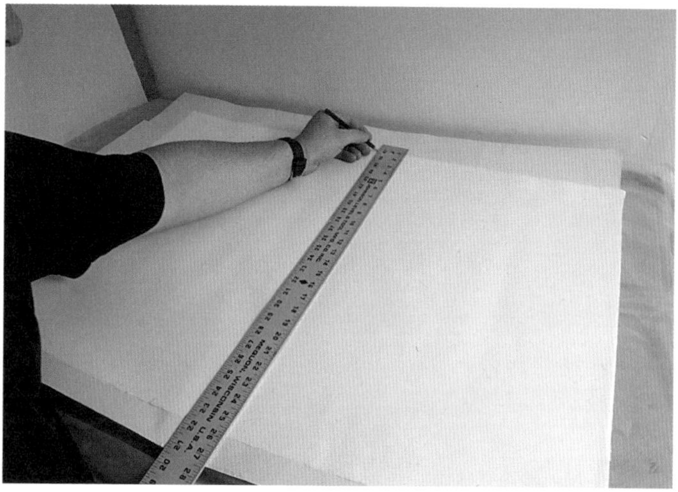

2 마찬가지로 하단에도 표시한다.

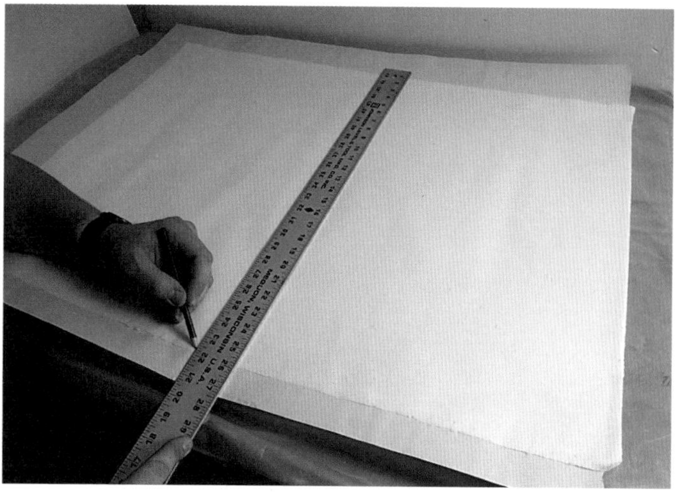

3 표시한 지점에 맞춰 자를 대고, 손으로 꾹 누른다.

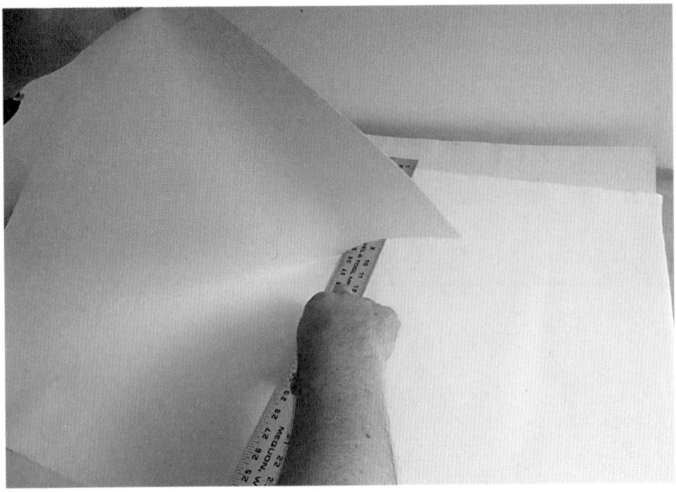

4 다른 손으로 자를 단단히 고정시킨 뒤, 자를 따라 천천히 조심스럽게 종이를 찢는다.

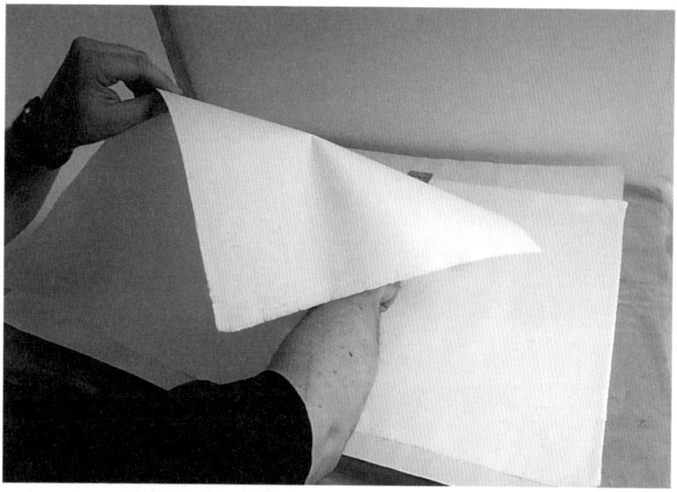

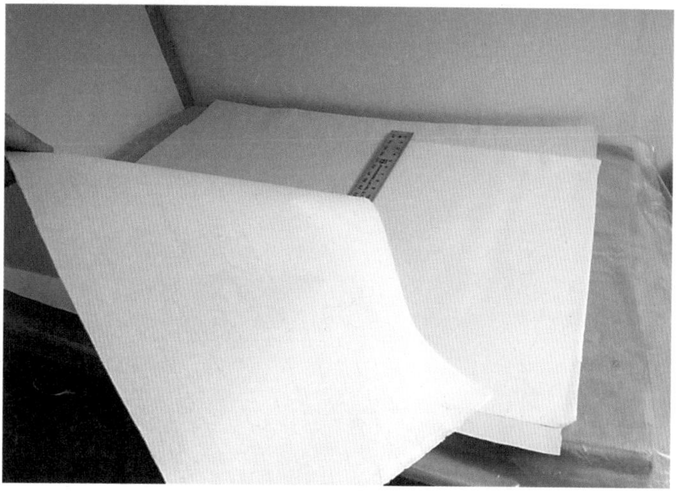

5 반으로 찢은 종이를 다시 동일한 방법으로 반으로 찢는다.

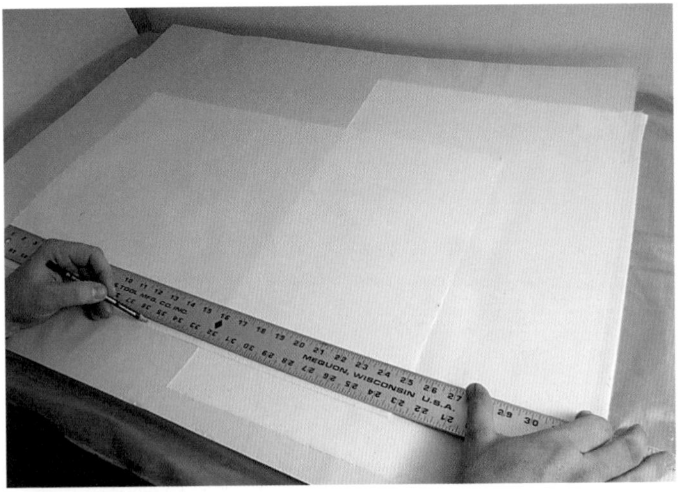

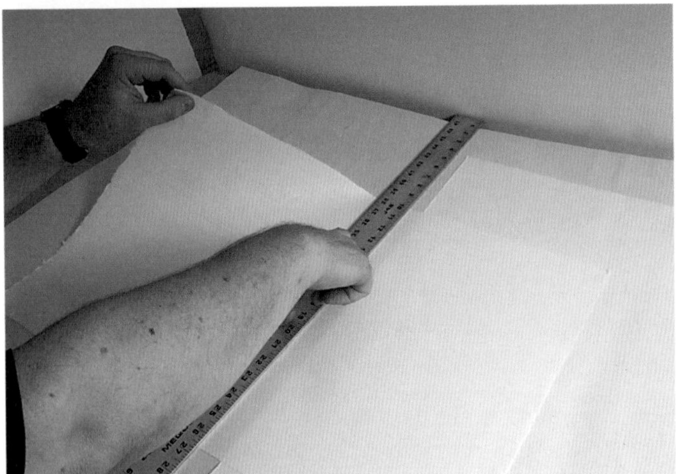

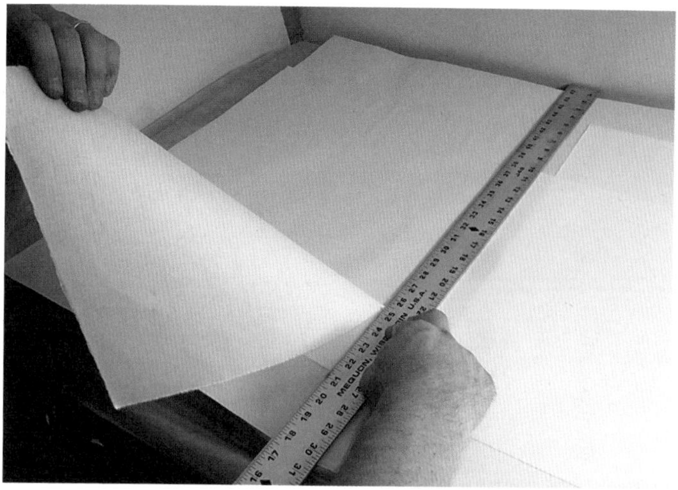

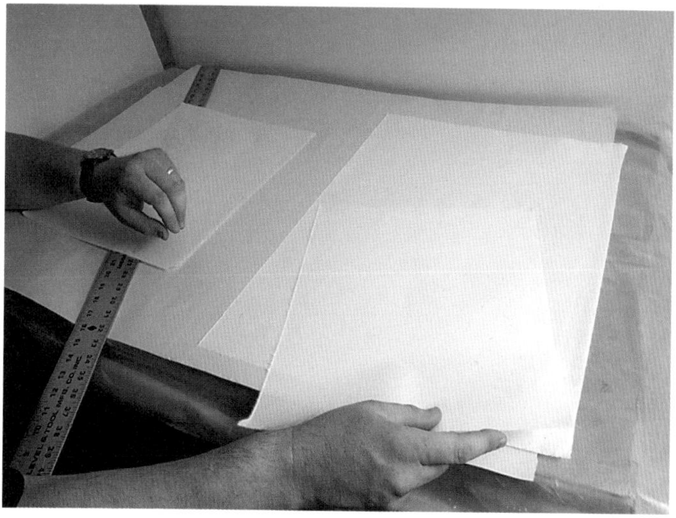

정확히 측정해 찢어 내면 동일 규격의 용지를 만들 수 있다.
작품 번호를 매길 때도 요긴하다.

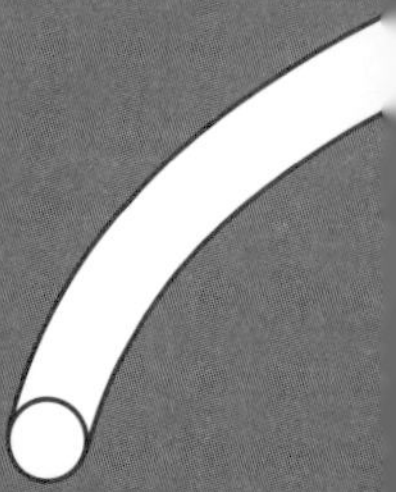

인쇄하기

프레스(인쇄기)를 사용하는 대신에 수작업으로 인쇄를 하면 멋진 작품을 만들어 낼 수 있다. 두 개의 나뭇조각을 직각으로 세워 ① 지그*를 만들고 ② 합판을 끼워 넣으면, 수작업을 할 수 있는 환경이 마련된다. 그리고 판과 종이 사이 여백의 넓이를 조정하기 위해, 지그에 막대기 모양의 ③ 판재를 테이프로 덧붙였다. 이렇게 하면 종이마다 똑같은 위치에 그림을 찍어 낼 수 있고, 여러 개의 판으로 다색 판화를 만들거나, 소멸법(119쪽 참조)에도 사용할 수 있다.

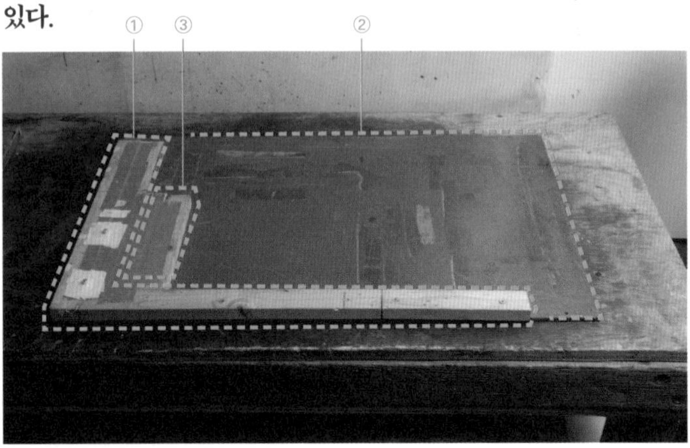

마스킹 테이프와 연필을 사용해 종이를 지그에 정렬해 보자. 첫 단계는 종이의 정중앙에 조각판이 올 수 있게 위치를 잡는 것이다. 일반적으로 완성된 작품에는 최소 5-10cm 정도의 여백을 남기는 것이 가장 좋다.

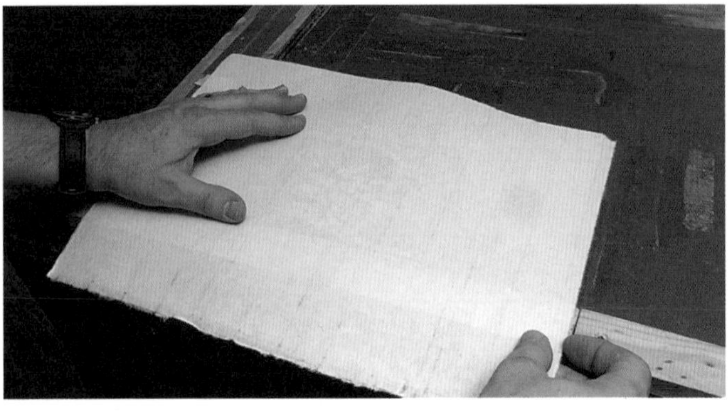

* 종이를 놓을 위치를 정확하게 표시하기 위한 지지대

1 한 손으로 용지를 잡고 사진과 같이 테이프를 붙인다.
테이프는 종이 모서리에 붙인다.

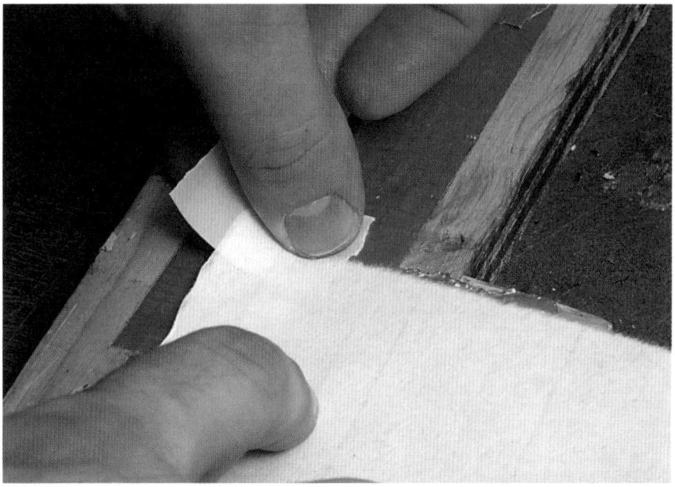

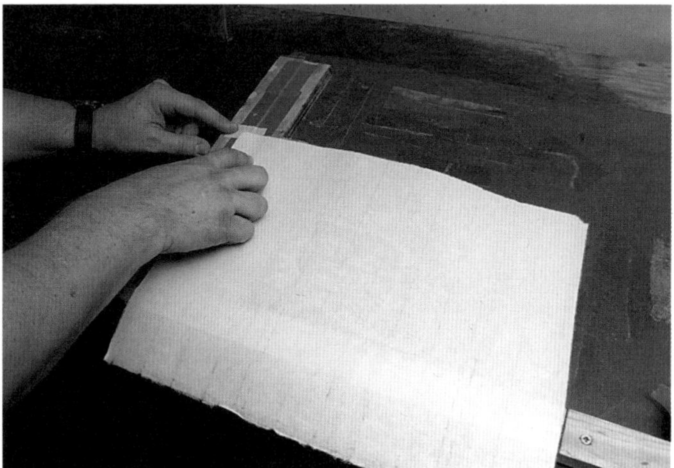

2 **용지를 제 위치에 고정시키고, 상단에 붙인 것과 평행하게 하단에도 테이프를 하나 더 붙인다.**

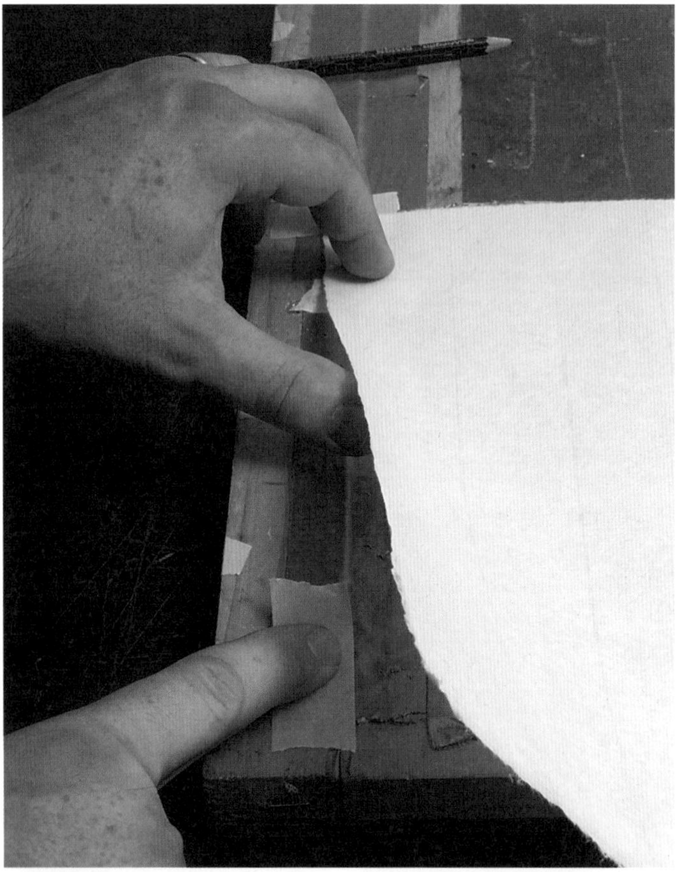

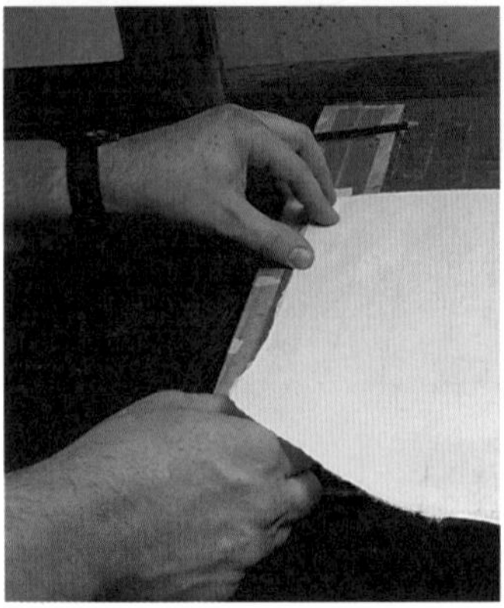

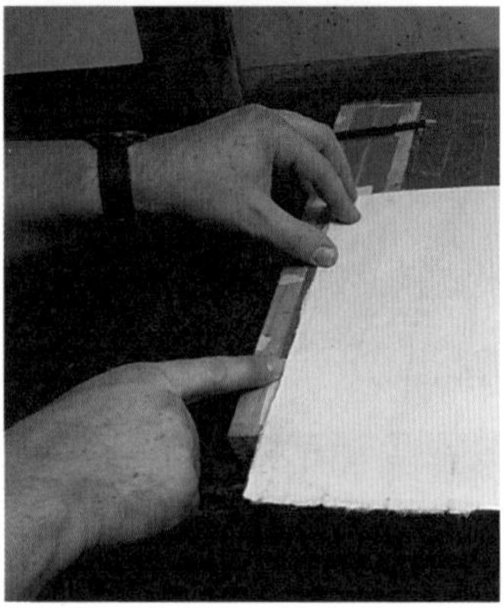

3 사진과 같이 용지의 가장자리를 따라 연필로 테이프 위에 선을 그린다.

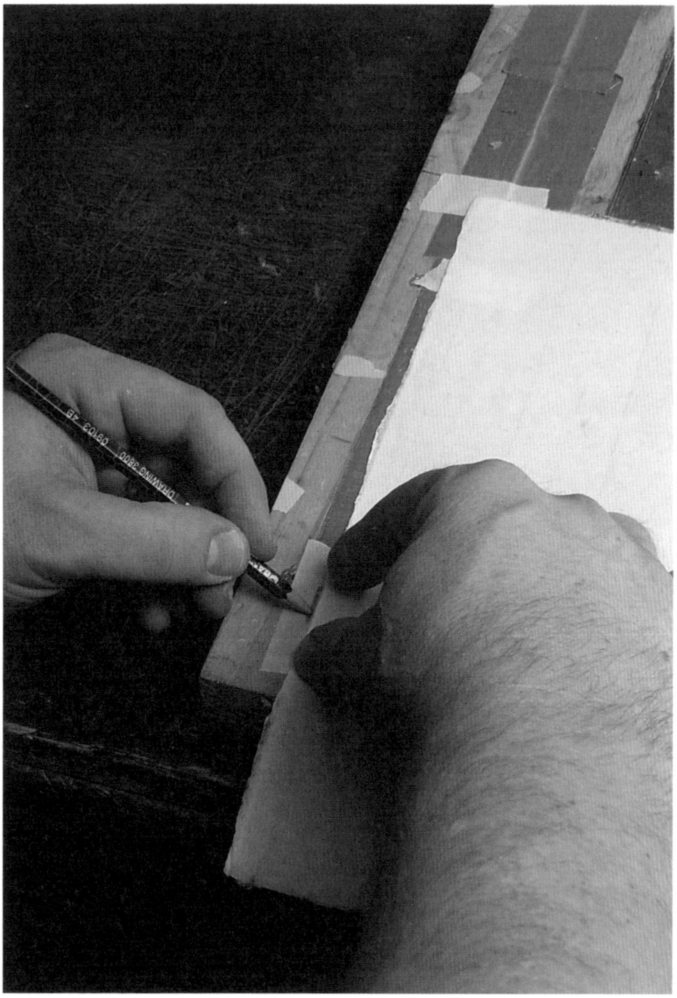

4 다른 쪽 테이프에는 용지 모서리를 따라 직각을 표시한다.

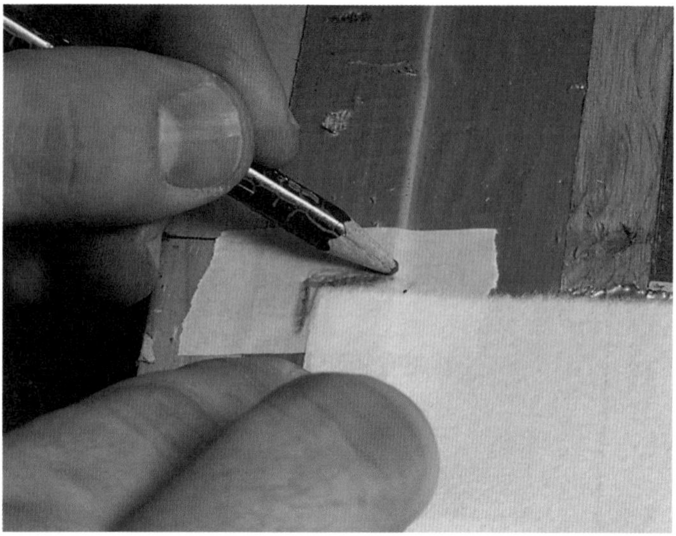

이렇게 하면 종이를 계속 똑같은 위치에 놓을 수 있어 모두 같은 위치에 인쇄할 수 있다(단, 종이의 크기가 같아야 함).
그러나 이 방법은 단색 판화에서는 효과적이지만 다색 판화 작업에는 적합하지 않다. 더 정확한 방법이 있다.

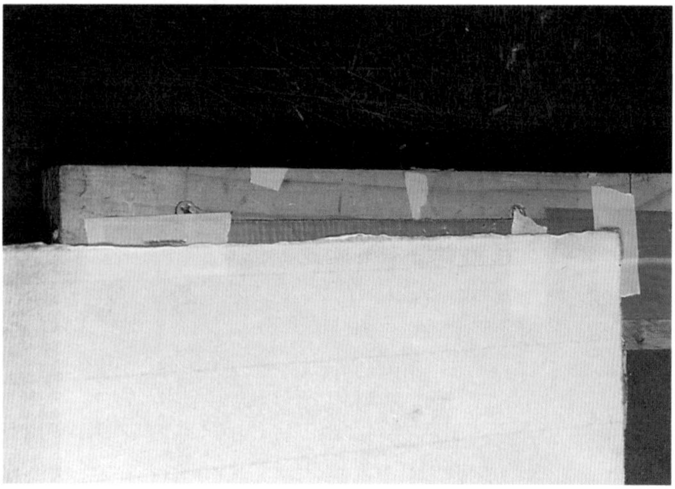

잉크 준비하기 · 찍어 내기

잉크는 유리 위에서 가장 잘 퍼진다. 합판 위에 덕트 테이프duct tape*로 일반 창유리를 붙여 잉크판을 만들 수 있다. 여기서는 테이프를 붙이기 전에 유리 아래에 흰 종이를 깔았다. 크기는 약 45×30cm다. 유리 대용으로 아크릴판을 사용하지 말 것.

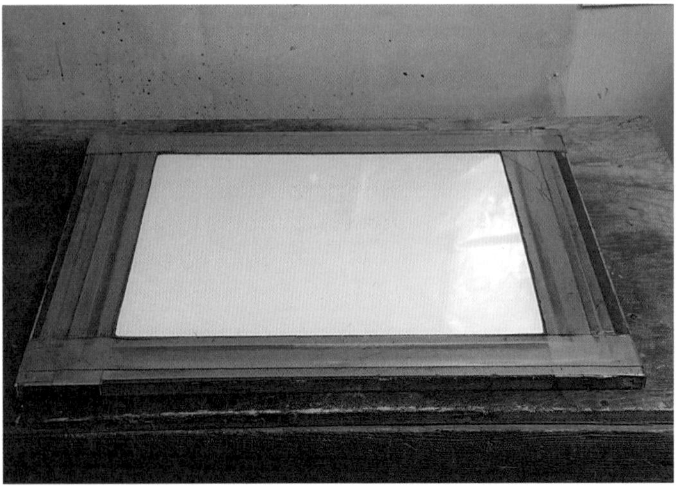

* 강력 접착 테이프를 말한다. 우리나라에서 흔히 쓰는 청테이프와 비슷하다.

1 먼저, 잉크판에 잉크를 짠다. 용기에 든 잉크의 경우엔 적당량을 덜어 낸다. 2-5cm 정도만 짜면 충분하다.

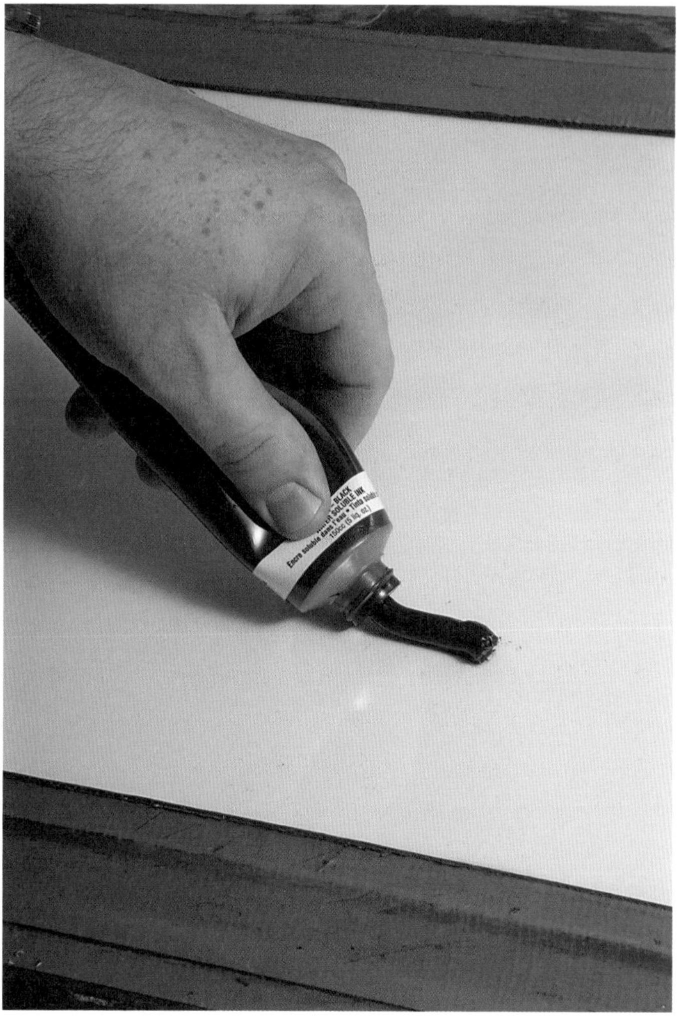

2

롤러로 천천히 잉크를 편다(롤러에 대한 설명은 83쪽 참조).

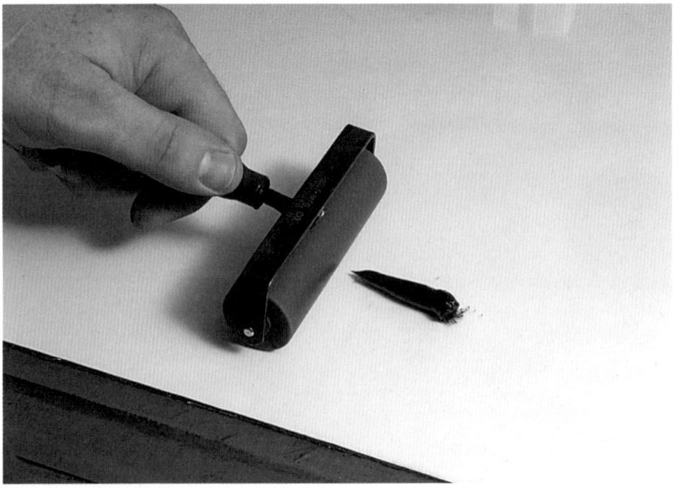

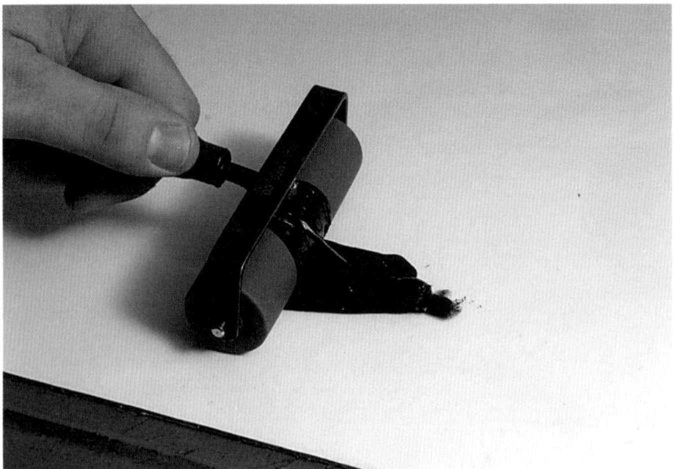

3 롤러의 가장자리까지 잉크가 묻도록 한다.

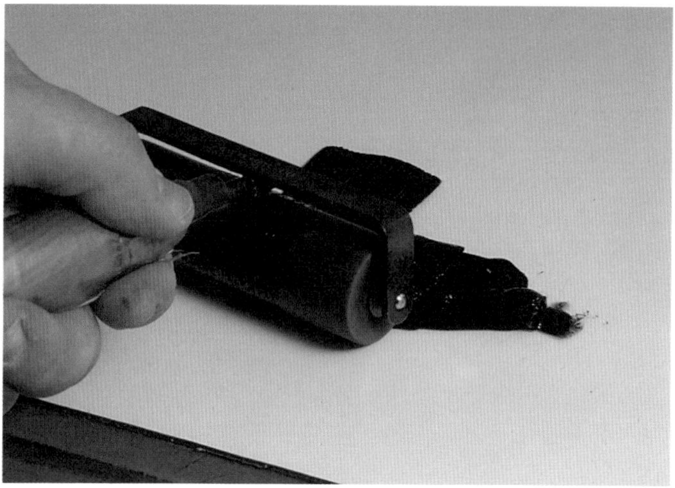

4 균일하게 압력을 주어 부드럽게 굴린다. 단, 롤러가 미끄러질 정도로 너무 세게 밀지는 말 것. 롤러를 여러 방향으로 굴려서 잉크를 넓고 매끈한 상태로 만든다.

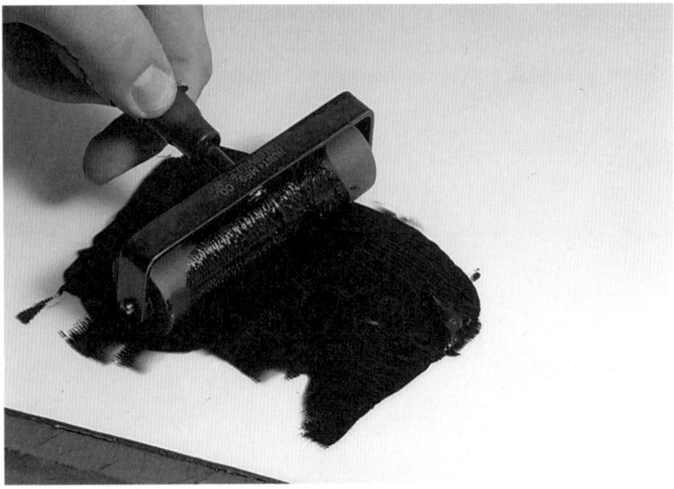

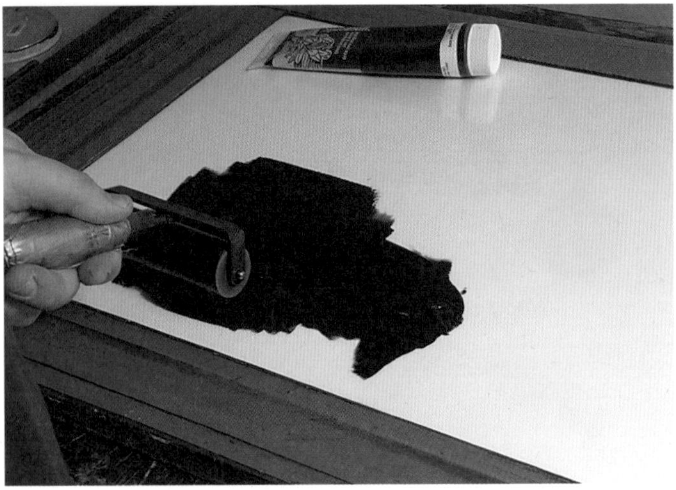

롤러를 여러 방향으로 굴리는 이유는 잉크를 고르고 얇게 코팅하려는 것이다. 잉크가 너무 많거나 뭉치면, 판에 새겨진 세세한 공간에도 잉크가 채워지게 된다.

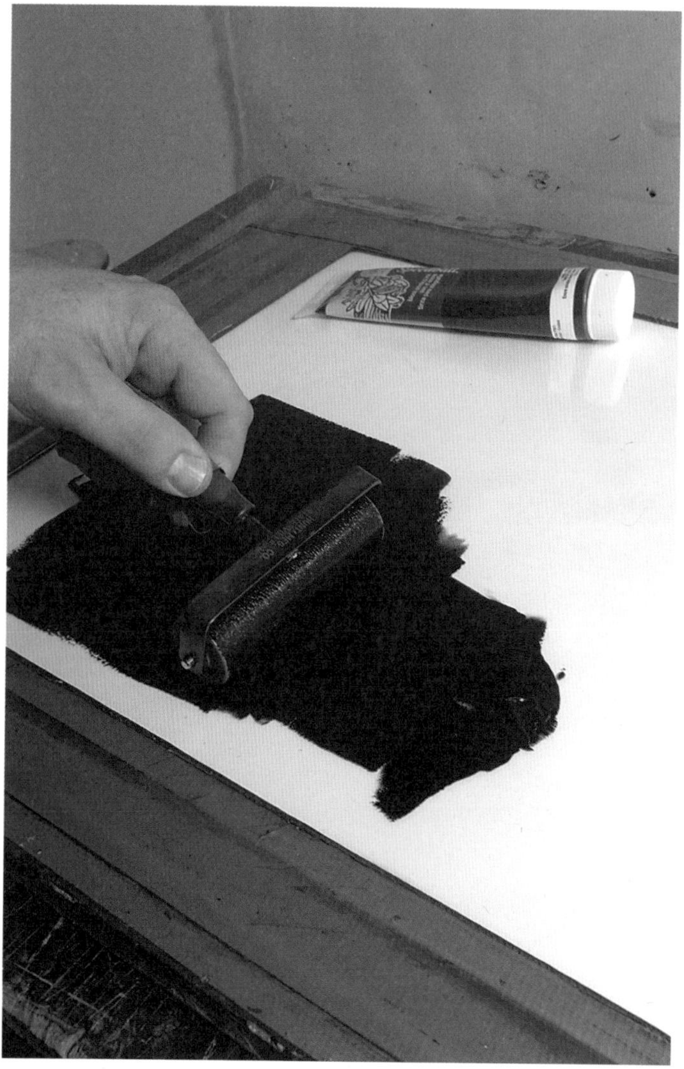

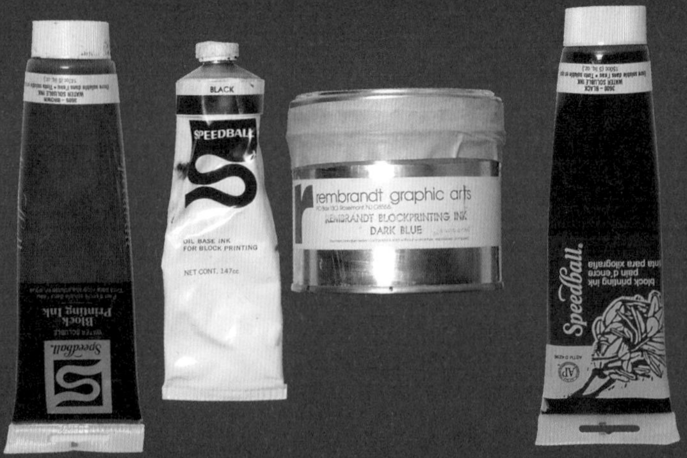

볼록판화용 잉크는 수성과 유성이 있다. 두 종류 모두 튜브 또는 캔 형태로 나오며 다양한 색상이 있다. 수성 잉크와 유성 잉크의 차이점은 주로 건조 시간과 가변성, 뒷정리 방법에 있다.

유성 잉크는 건조 시간이 오래 걸리는데, 최소 몇 시간에서 최대 하루 정도 걸린다. 롤링을 한 뒤에도 잉크가 오랜 시간 마르지 않아 장시간 작업할 수 있다. 또한 유성 잉크는 영구적이며, 유성 잉크로 찍고 말린 뒤 그 위에 수성 잉크를 써도 번지지 않는다. 반면, 유성 잉크의 가장 큰 단점은 인쇄 작업이 끝난 뒤 판, 롤러, 잉크판을 청소하는 것이 복잡하고 오래 걸린다는 점이다.

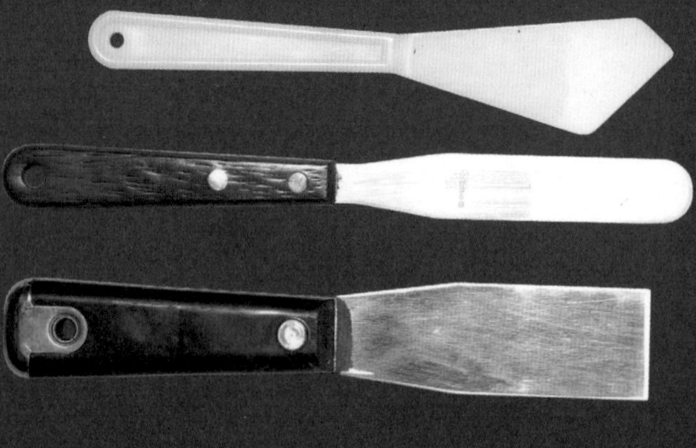

수성 잉크는 영구적이지 않으며, 내광도가 떨어진다. 작품이 마르고 그 위에 수채 물감을 쓰면 번짐이 발생한다. 또한 건조를 지연시키는 보조제를 추가하지 않는 한, 너무 빨리 마르기 때문에 도중에 작업을 중단하거나 쉴 수 없다. 그러나 수성 잉크는 정리가 간편하며, 건조 시간이 짧으므로(약 30분) 인쇄물을 쌓아 놓을 수 있다.

수성 잉크 중에서도 내광도가 높고 일반적인 수성 잉크보다 잘 마르지 않는 제품이 시중에 나와 있으니, 수성 잉크로 작업하고 싶다면 이런 잉크를 찾아보는 것도 좋다.

어떤 종류의 잉크를 사용하든 판에 잉크를 칠하고 종이에 찍어 내는 과정은 모두 동일하다.

캔 잉크를 사용한다면 플라스틱이나 금속으로 된 주걱으로 잉크를 퍼내면 된다. 판화용 롤러는 아주 작은 것(약 1cm)부터 중간 것(약 10cm), 큰 것(30cm)까지 다양한 크기가 있다.

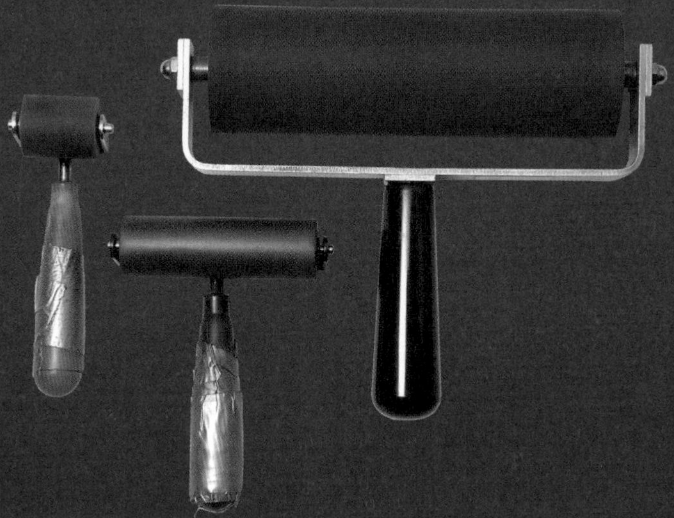

5 롤러를 굴릴 때 잉크가 '쩍쩍' 소리를 내기 시작하면 조각판에 칠할 준비가 된 것이다.

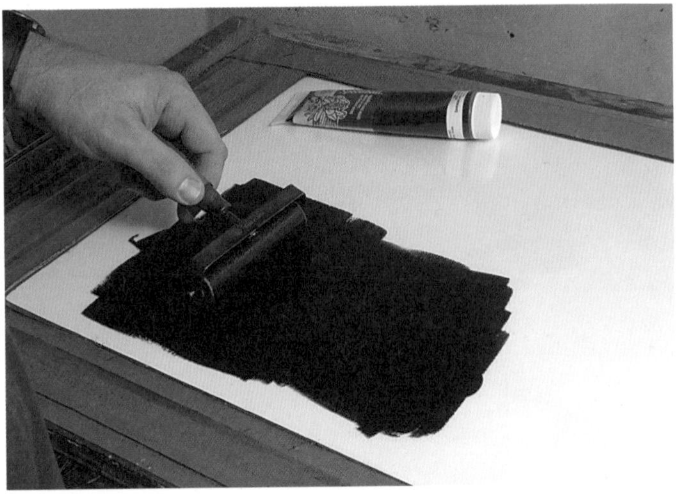

잉크 섞어 쓰기

수성 및 유성 잉크는 모두 다른 색끼리 섞어 쓸 수 있다(단, 수성 잉크와 유성 잉크를 서로 섞지는 말 것). 잉크를 섞으면 거의 무한대로 다양한 색상을 만들 수 있다. 별도의 용기에 잉크를 혼합하여 색을 낸 다음 잉크판에 덜어 낸다. 아니면 잉크판에서 바로 섞을 수도 있다. 이때는 유연한 주걱이나 페인팅 나이프*를 사용한다.

* 나이프에는 페인팅 나이프와 팔레트 나이프 두 가지가 있다. 페인팅 나이프는 캔버스에 물감을 칠할 때 사용하고, 팔레트 나이프는 물감을 섞거나 갤 때 사용한다.

6 롤러를 앞뒤로 굴려가며 판에 잉크를 묻힌다.

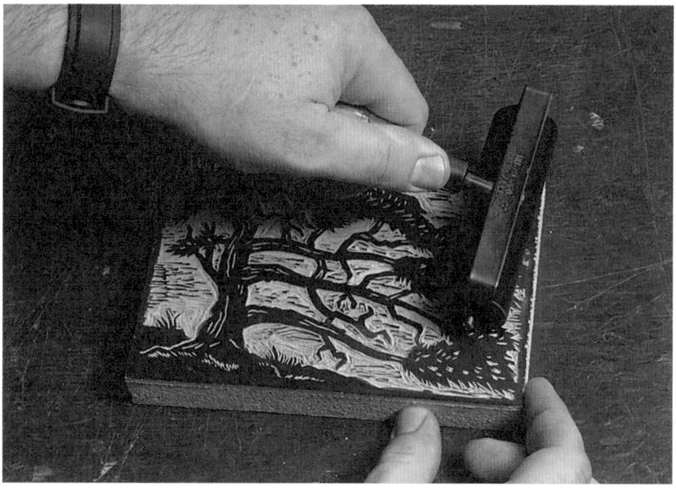

7 인쇄돼야 할 부분에 잉크가 모두 묻도록 천천히 꼼꼼하게 칠한다.

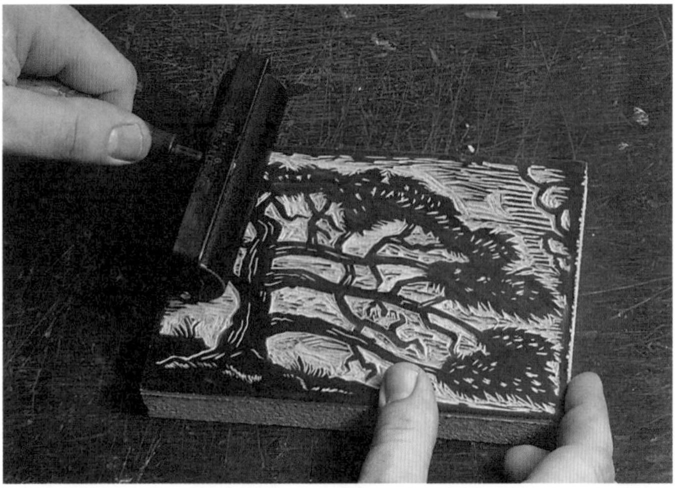

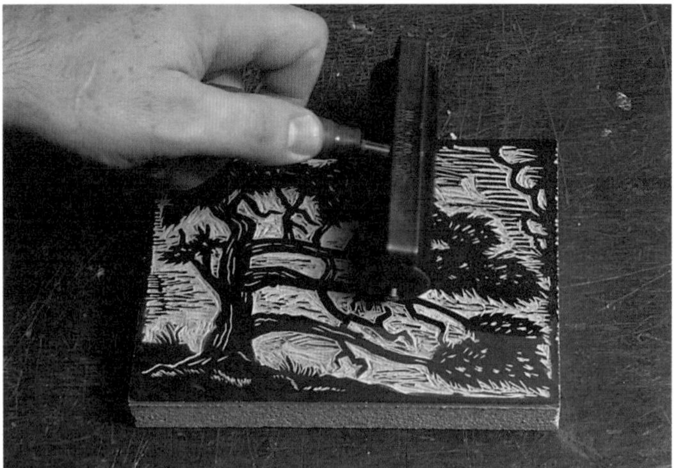

판에 잉크를 충분히 묻혔다면 잉크가 묻어 있는 부분은 광택이 날 것이다.

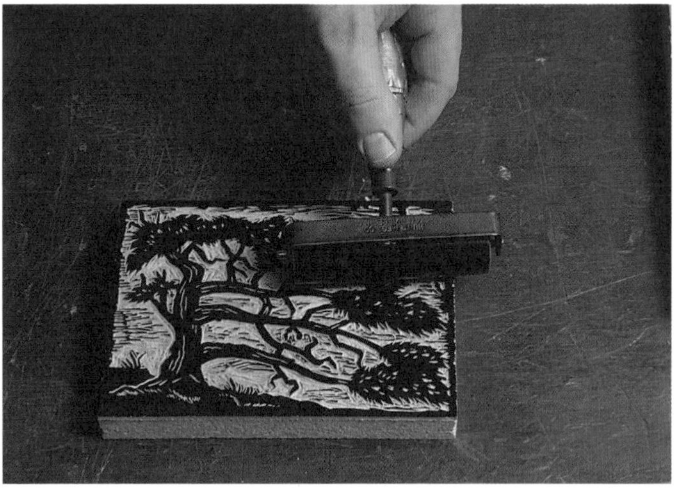

롤러에는 잉크가 균일하게 묻어 있어야 한다. 롤러에 잉크가 뭉쳐 있다면 파낸 부분까지 들어가 채워질 것이다.

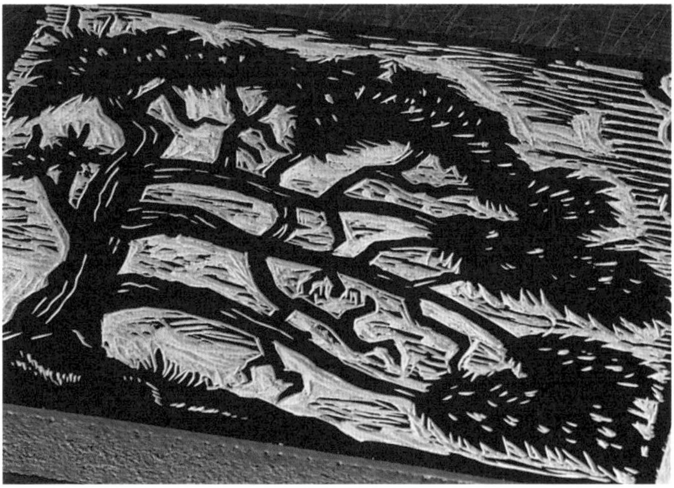

8 사진과 같이 잉크를 칠한 면이 위를 향하도록 조각판을 지그에 맞춘다.

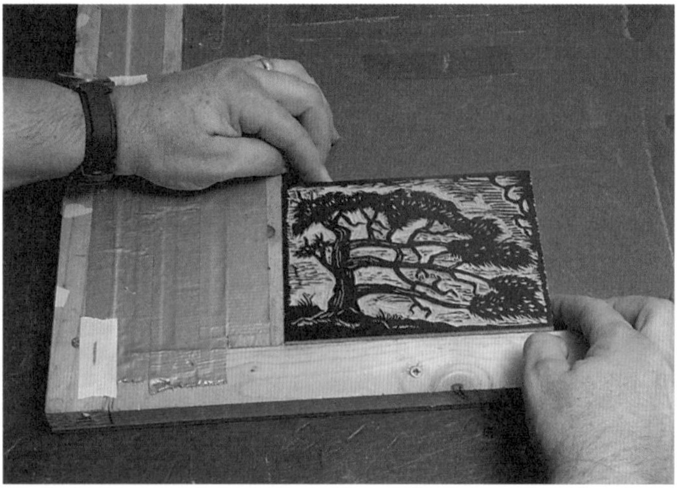

9 종이의 상단 가장자리를 조심스럽게 잡은 뒤, 반대쪽 모서리를 테이프에 표시해 놓은 선에 맞춘다.

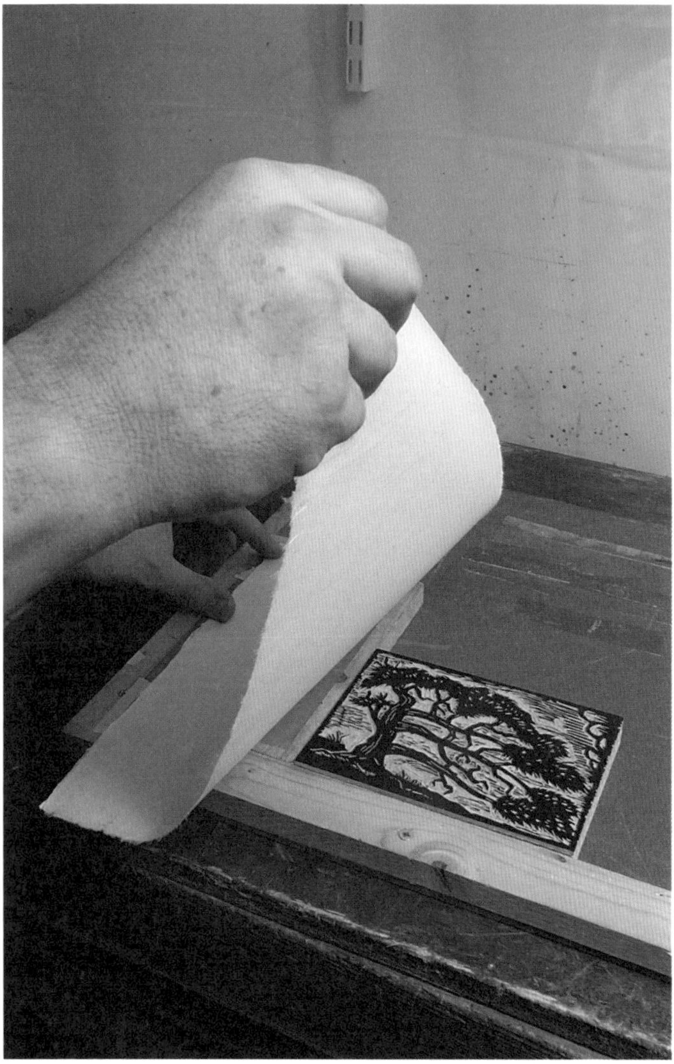

10 판에 종이를 덮는다.

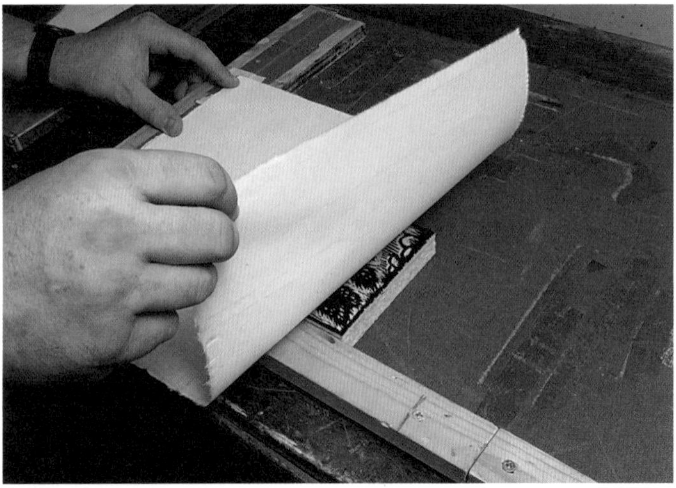

종이가 판에 딱 달라붙는 느낌이 들 것이다.

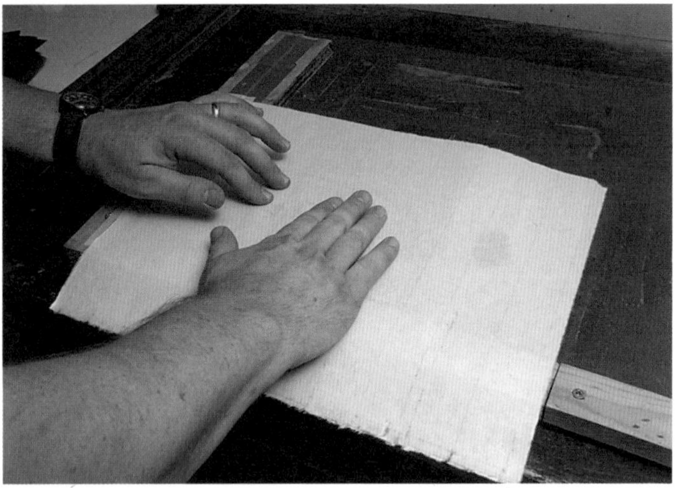

11 한 손으로 용지를 가볍게 잡고 다른 손으로는 문지르개로 용지 위를 부드럽게 문지른다(전사 도구에 대한 정보는 93쪽 참조).

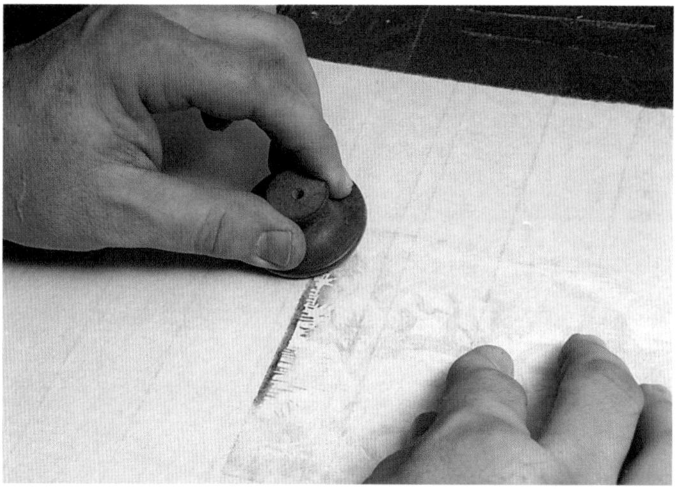

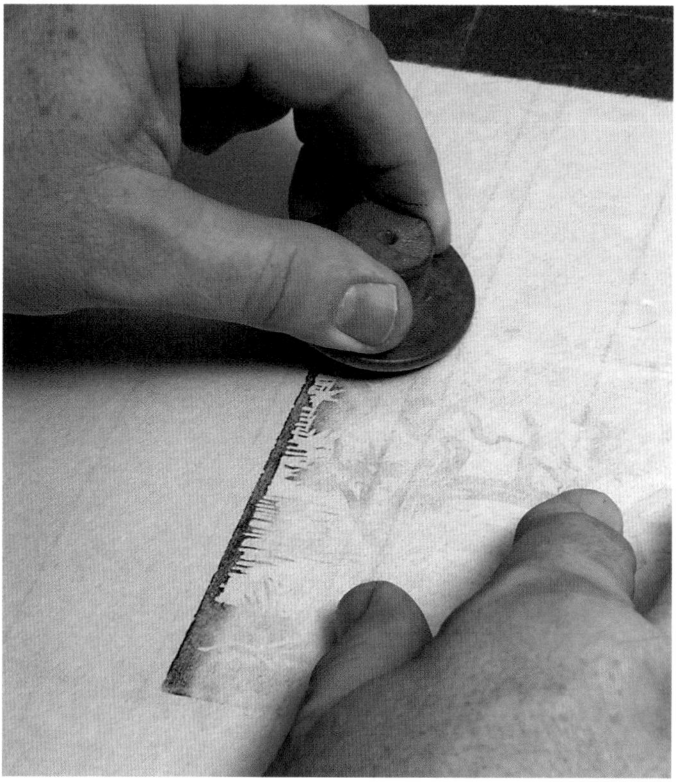

12 잉크가 잘 묻어나도록 조심조심 신중하게 작업한다.

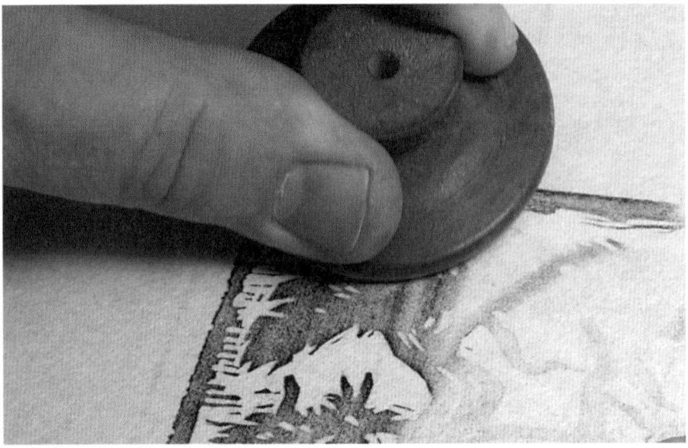

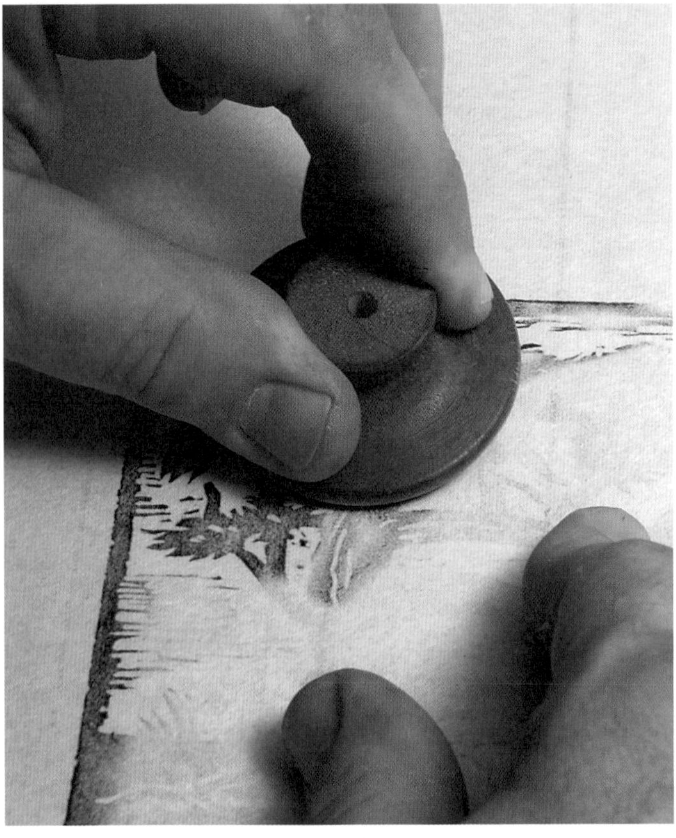

판화 작업에서의 핵심 도구 중 하나로 문지르개(바렌baren)가 있다. 종이가 판에 잘 붙도록 눌러 줄 때 사용하는 매끈하고 둥근 물체다. 판화용으로 특별 제작된 대나무로 만든 것이나 화방에서 쉽게 구할 수 있는 것을 써도 되지만, 일반 가정에서 쓰는 쇠숟가락이나 나무숟가락을 써도 상관 없다. 다만, 종이가 손상될 수 있으니 위에 트레팔지나 셀로판지를 놓고 문지르면 좋다.

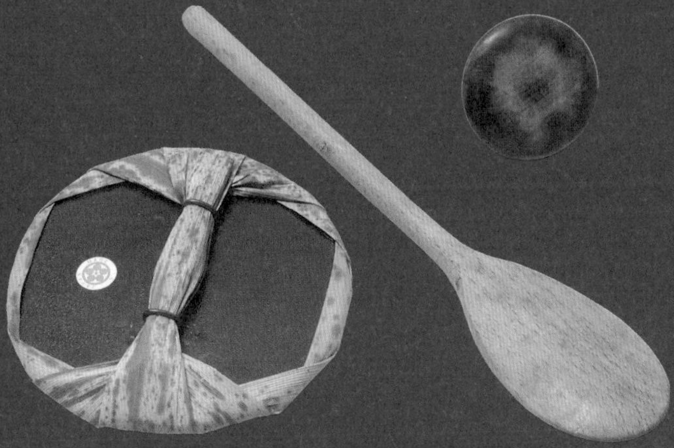

13 너무 세게 문지르지 않아도 된다. 세게 문지르면 종이가 일어나거나 종이에 구멍이 뚫릴 수 있다.

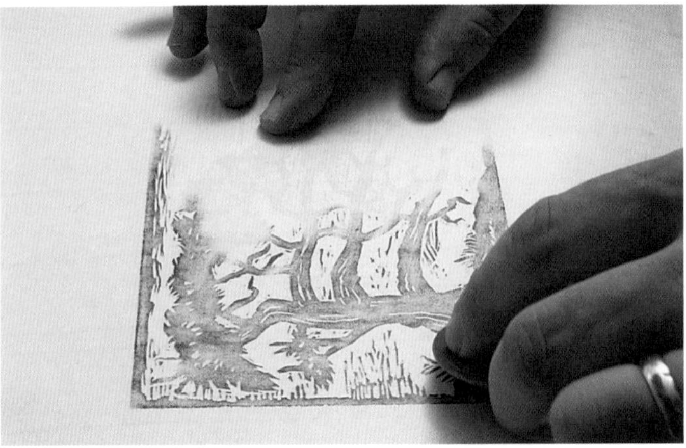

14 문지르개를 기울여 잡으면 종이가 판의 홈으로 들어갈 수도 있다. 그러면 아무리 질긴 종이라도 찢어질 수 있다.

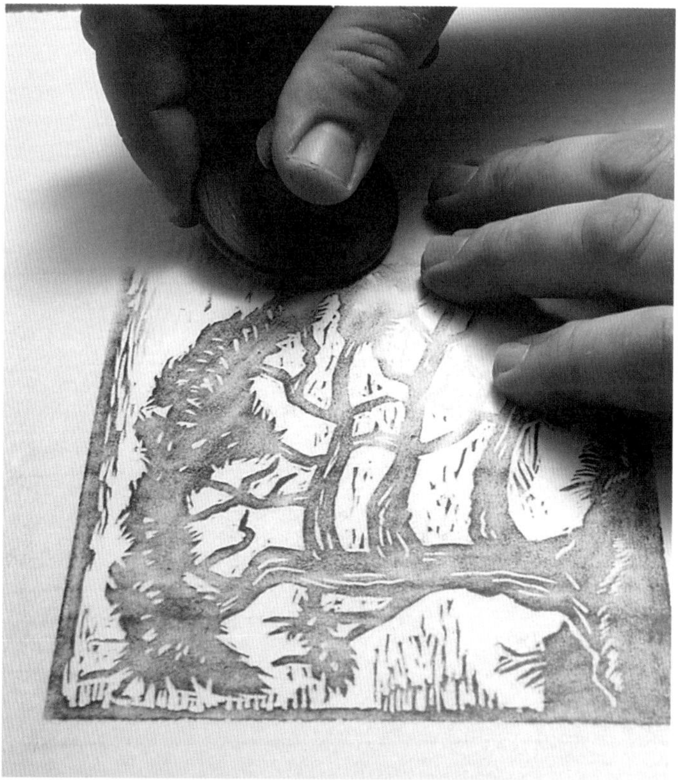

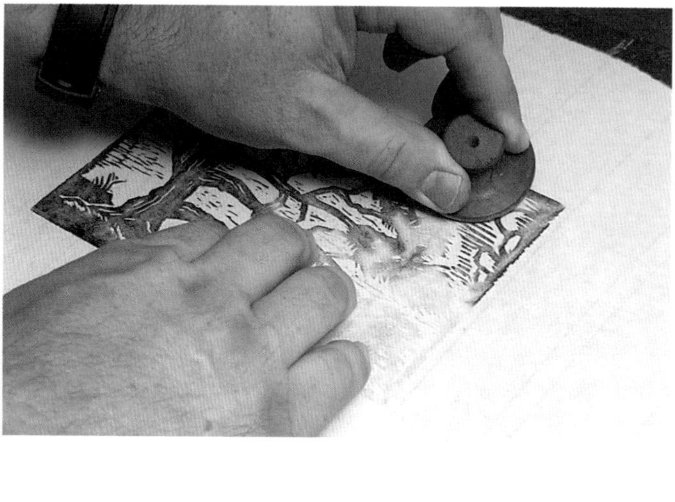

15 균일한 힘으로 종이 위를 미끄러지듯 움직인다.

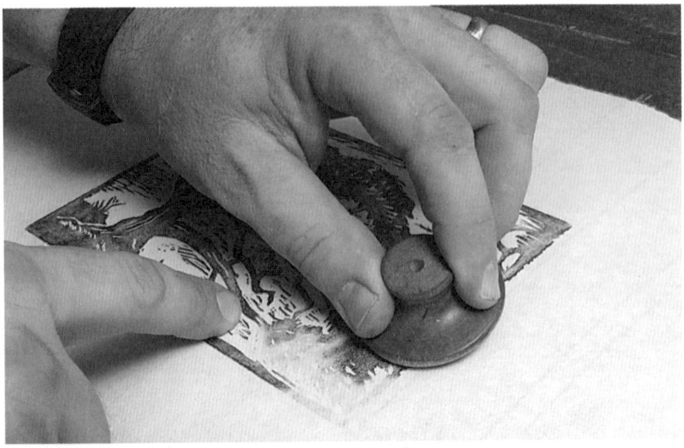

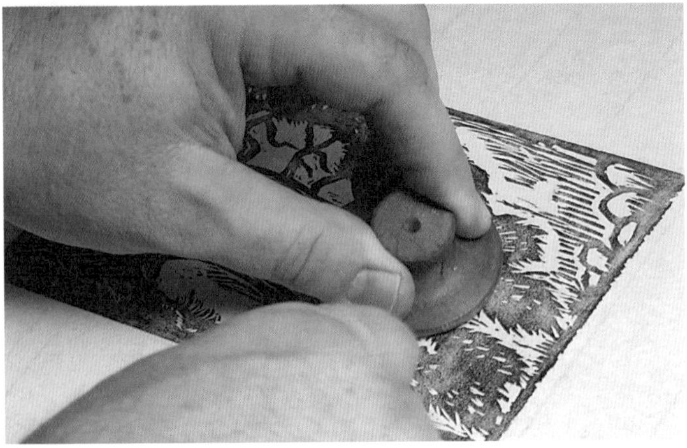

16 얇은 종이를 쓰면 잉크가 묻은 부분이 명확하게 보인다.

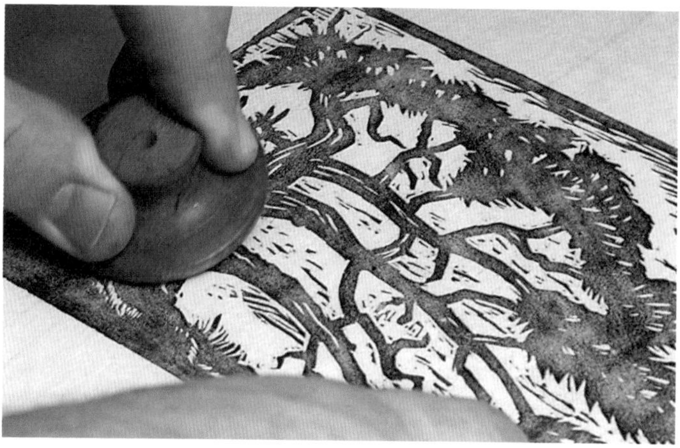

이제 종이를 떼어 낼 차례다.

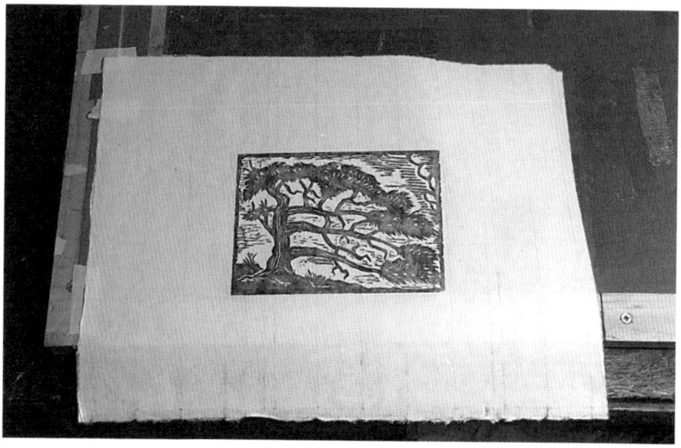

17 **문지르개를 내려놓고 종이의 가장자리를 판에서 조심스럽게 들어 올린다.**

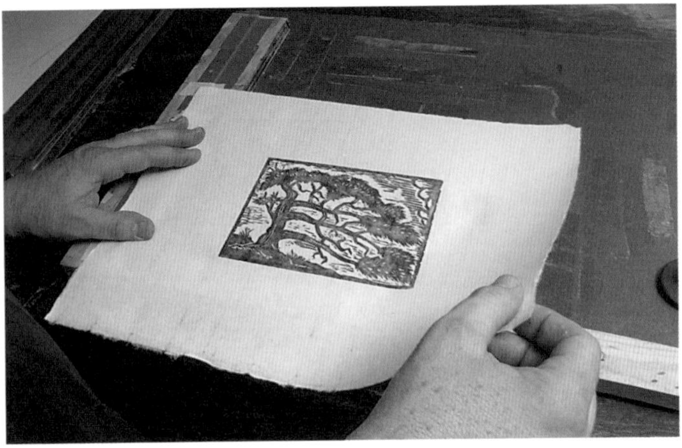

18 천천히 끊기지 않게 종이를 판에서 떼어 낸다.

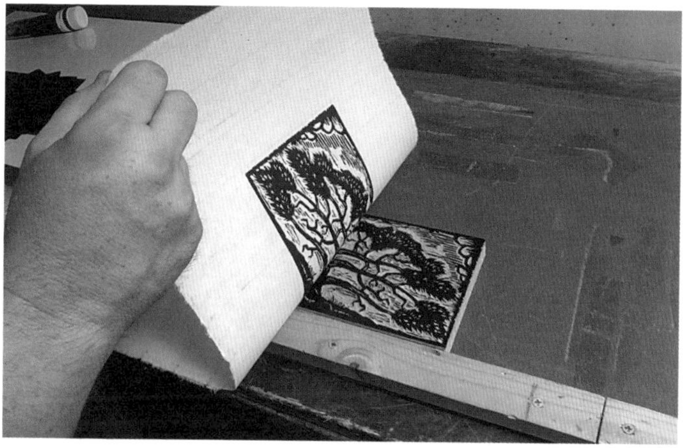

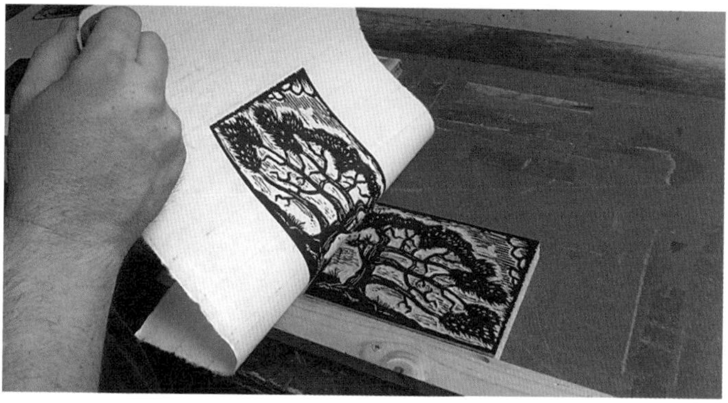

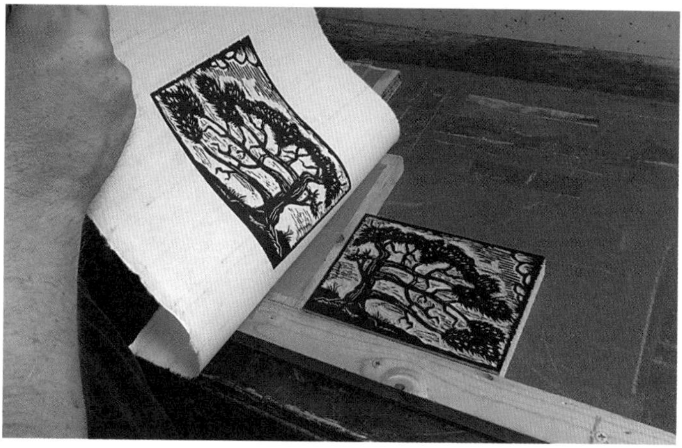

인쇄가 끝났다. 이제 잉크가 마르기만 하면 된다.

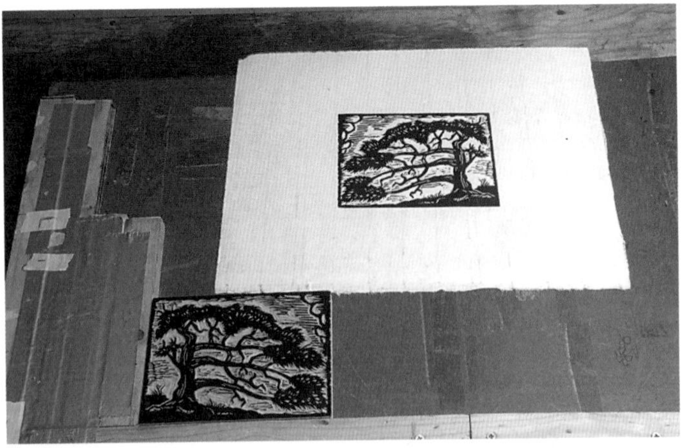

건조하기

방금 인쇄한 작품은 건조될 때까지 평평한 곳에 놓아야 한다. 다소 비싸긴 하지만 건조대를 이용하면 좁은 공간에서 한꺼번에 많은 인쇄물을 말릴 수 있다. 큰 테이블에 인쇄물을 놔두어도 된다. 다만 잉크가 완전히 마를 때까지는 포개 놓으면 안 된다.

정리하기

수성 잉크는 정리가 쉽다. 물이 담긴 분무기가 있으면 된다.

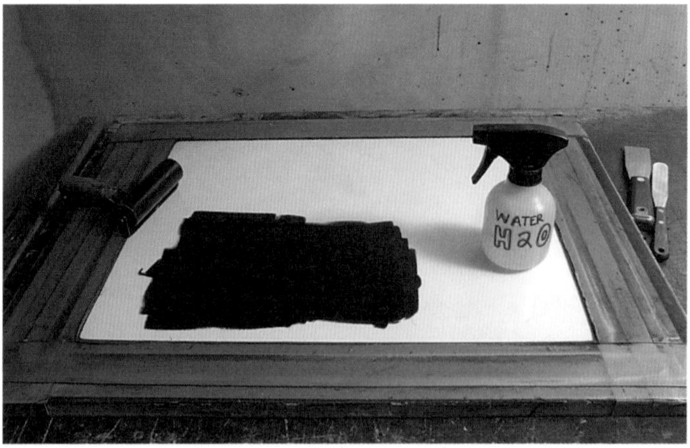

유성 잉크 청소

유성 잉크 청소도 거의 같은 방식이지만, 유성 잉크 청소용 솔벤트*를 사용해야 한다. 솔벤트를 사용할 때는 포장에 적힌 지침을 따른다. 환기가 잘되지 않는 곳에서 작업하는 경우엔 무독성, 무취의 솔벤트를 고른다. 효과는 다르겠지만 미네랄 스피리트, 식물성 기름, 석유 등을 사용하면 된다.

* 다른 물질을 용해시키기 위해 사용하는 액체나 가스

1 잉크판에 물을 뿌리고 종이 타월로 닦아 낸다.

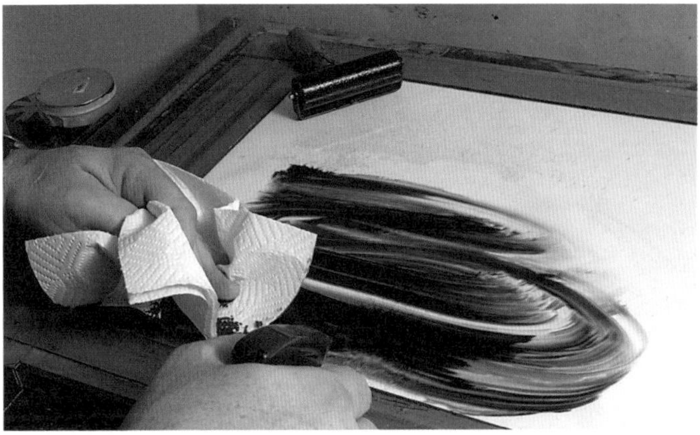

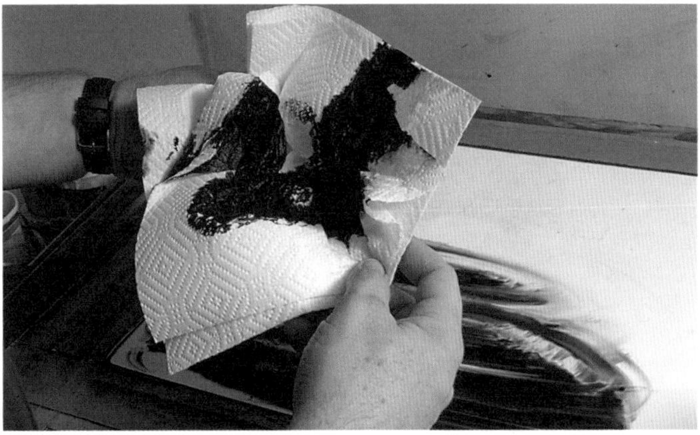

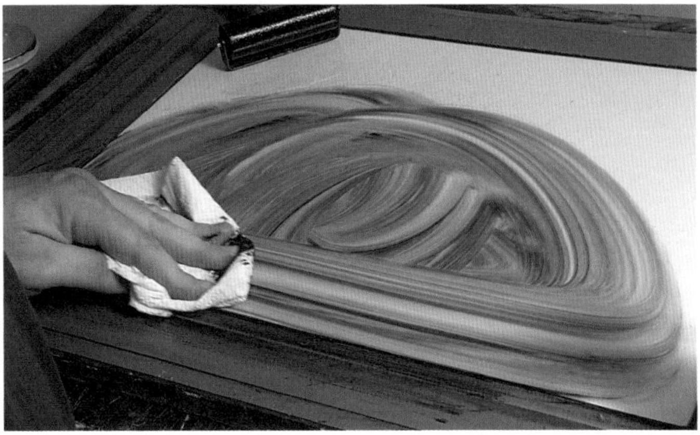

2 물을 계속 뿌려 가며 표면이 깨끗해질 때까지 닦는다.

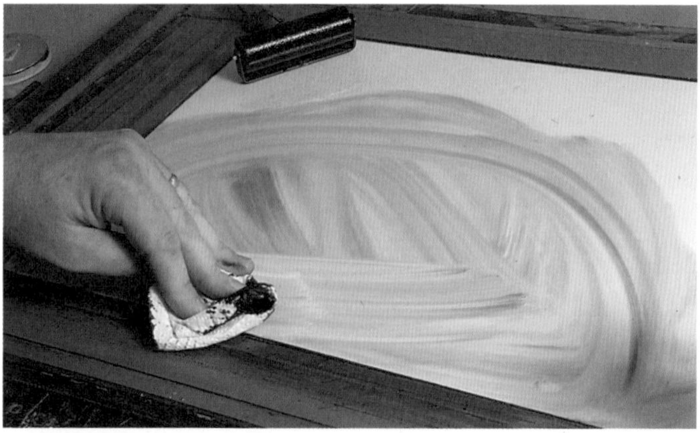

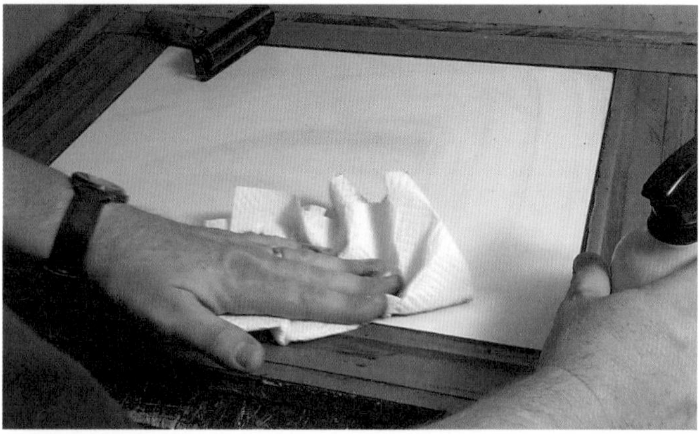

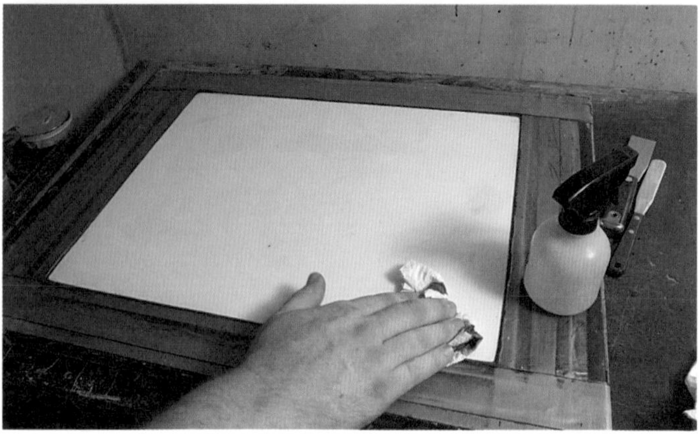

3 롤러에 남은 잉크는 안 쓰는 종이나 신문지 위에 굴리다 보면 많이 제거된다.

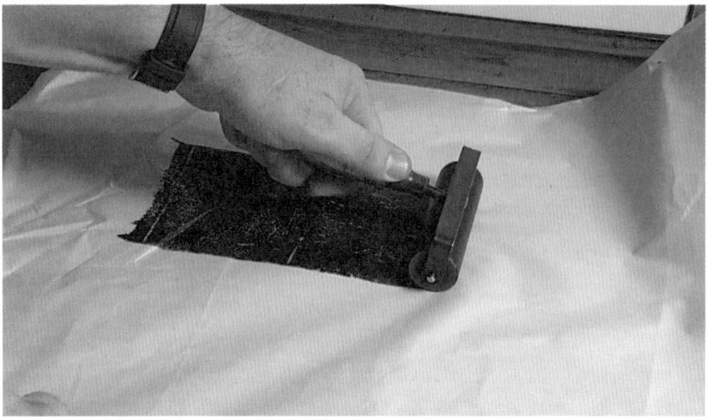

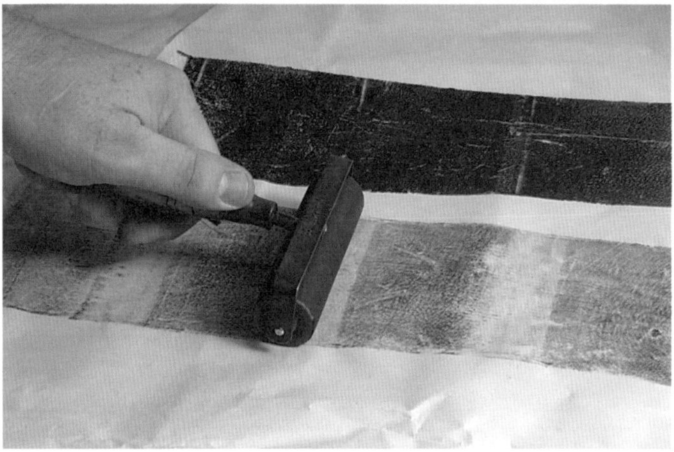

4 가장자리도 굴린다.

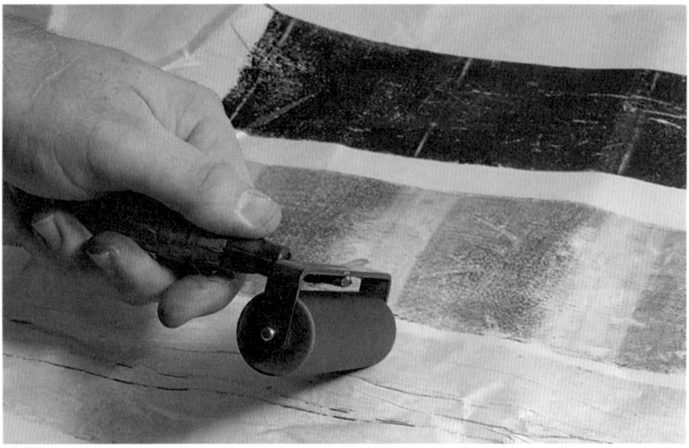

5 롤러에 분무기로 물을 뿌려 종이 타월로 닦아 낸다.

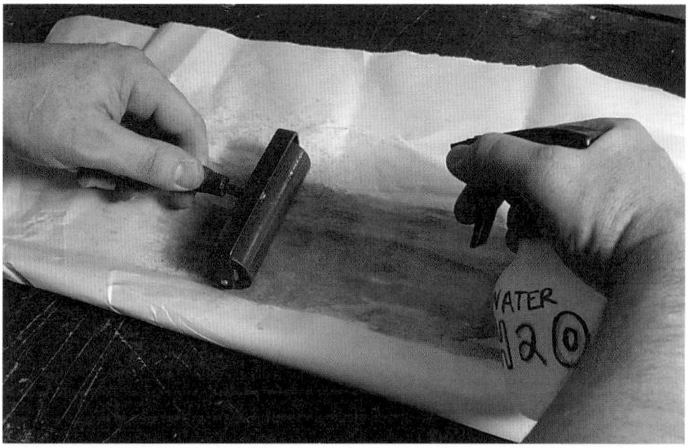

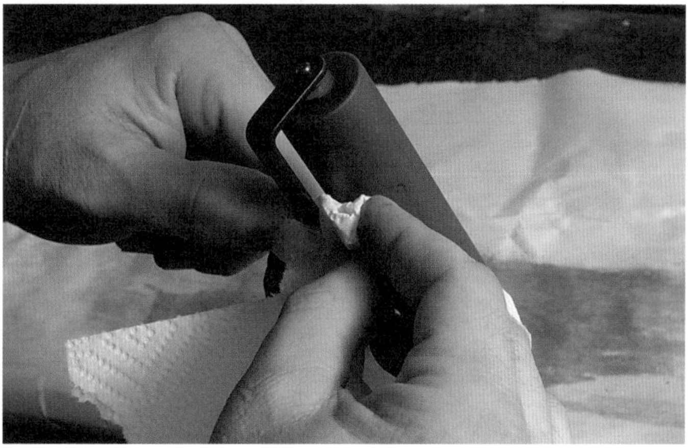

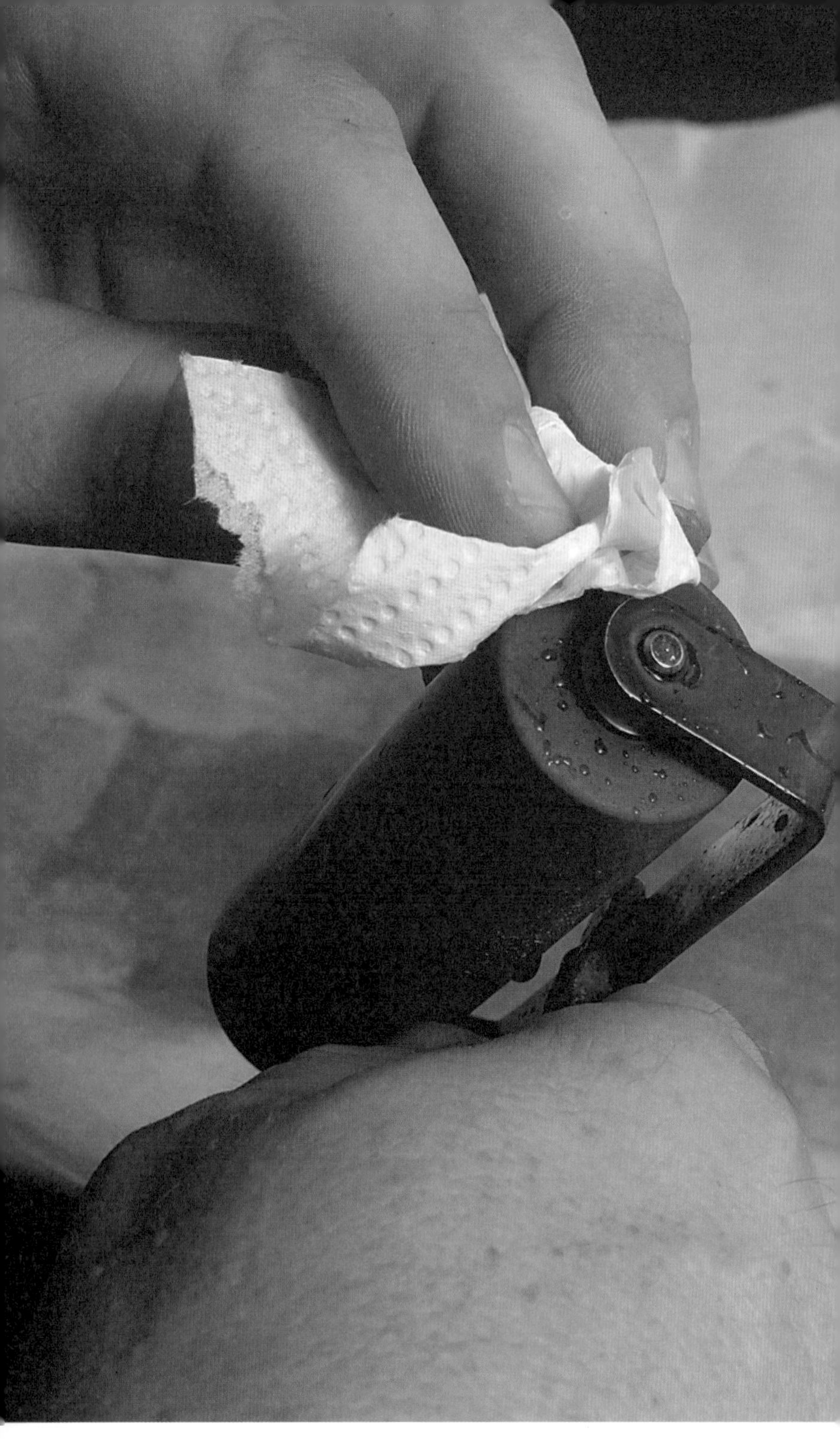

롤러를 사용하지 않을 때는 손잡이를 끼운 채로 롤러의 표면이 위로 향하게 두어야 한다. 그래야 롤러의 표면이 파이거나 손상되지 않는다.

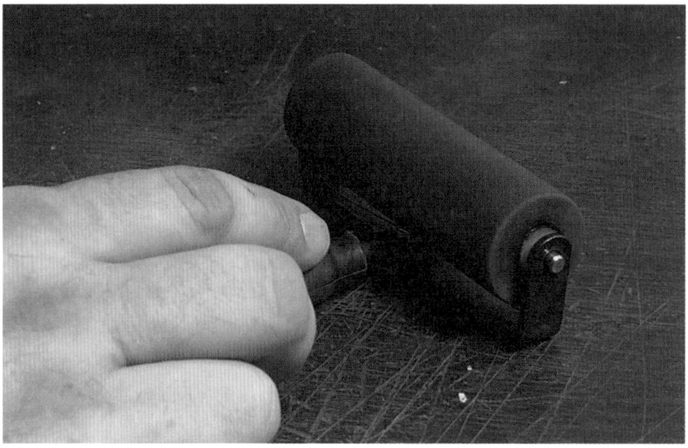

판에도 물을 뿌려 표면을 닦은 뒤, 사진과 같이 조각면이 위로 향하게 기울여 보관한다. 이렇게 하면 습기가 쉽게 건조된다.

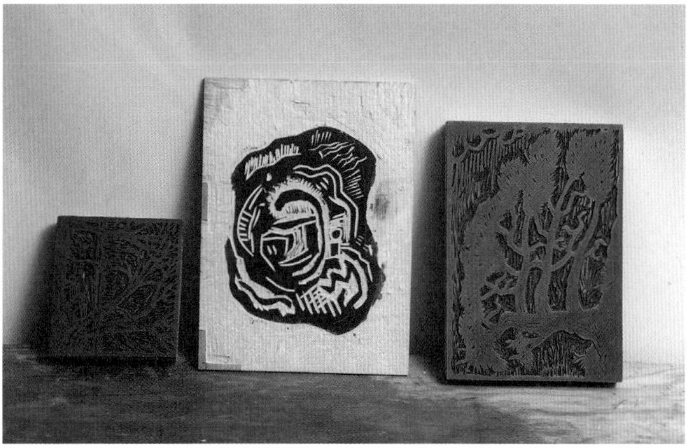

깨끗이 닦아 건조시킨 판은 마모되기 전까지는 여러 번 재사용할 수 있다.

종이 다듬기

작품을 완성한 뒤 종이의 여백을 다듬을 때는 쇠자를 사용하면 된다. 종이 다듬기는 볼록판화 작업에서 꼭 알아 두어야 할 공정이다. 작품 주위의 여백은 나중에 재표구를 할 수 있을 만큼 넓어야 한다. 여백을 넓게 두는 것이 일반적이며, 그래야 판화의 아름다움과 예술성이 잘 드러난다.

여백을 10cm 너비로 만들려면 판화의 가장자리에서 10cm를 측정해 표시한다.

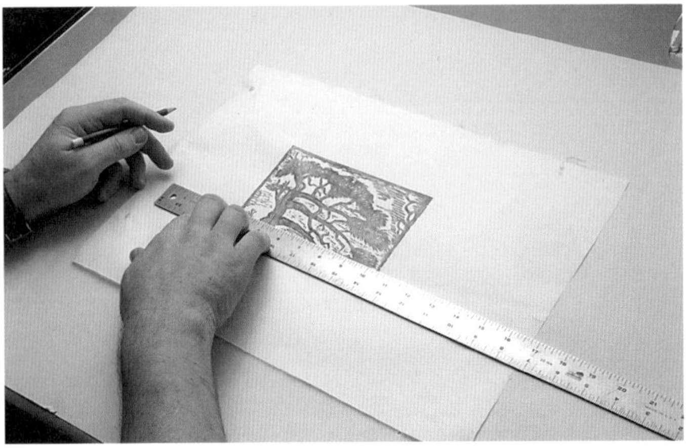

1 여백에 표시한 선을 따라 눈금자를 놓는다.

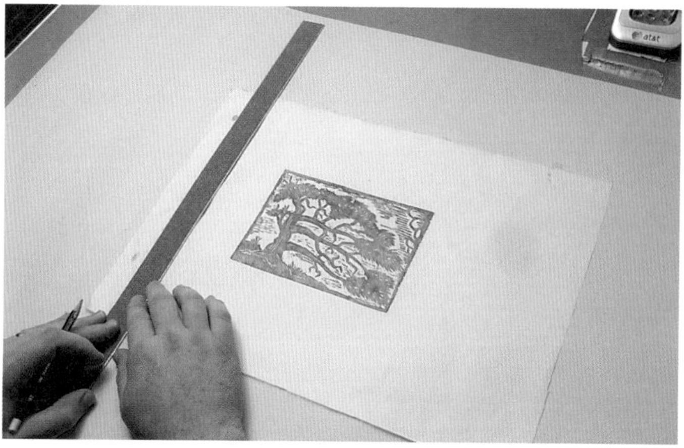

2 눈금자를 따라 남는 종이를 조심스럽게 찢어 낸다.

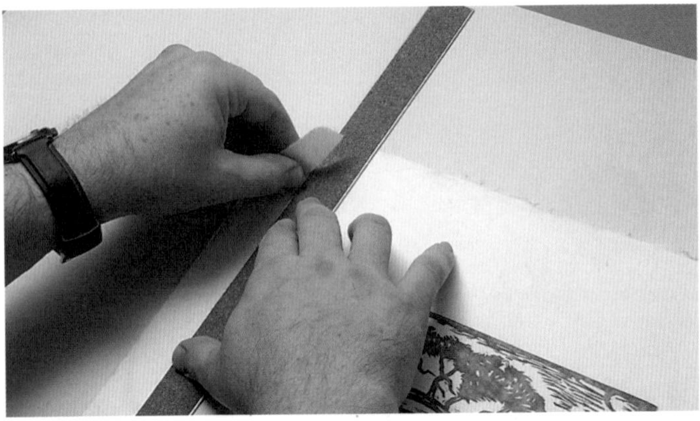

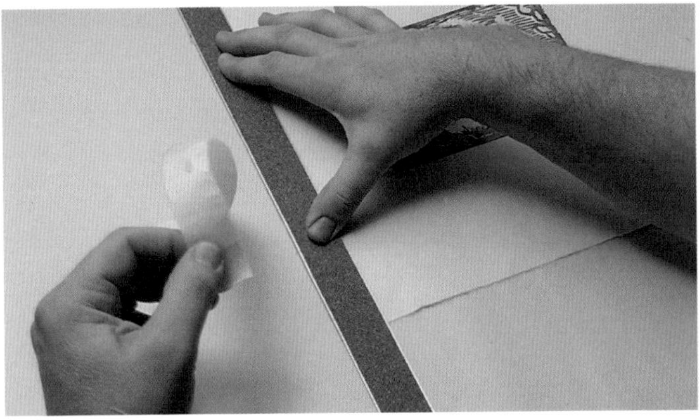

3 여백이 원하는 만큼 남을 때까지 과정을 반복한다.

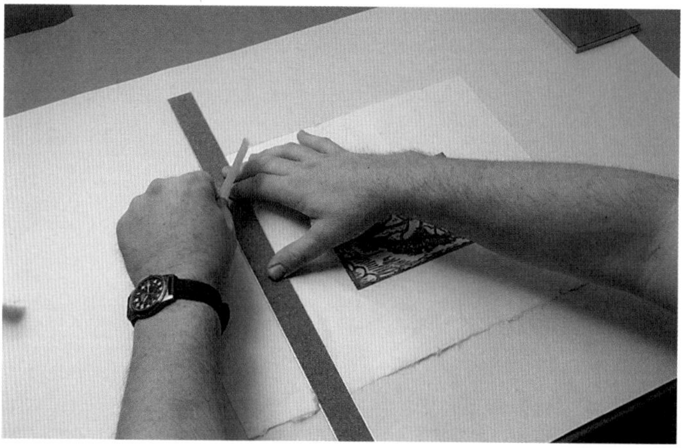

사진에서는 측면과 상단 여백은 모두 10cm, 하단 여백은 넘버링, 제목, 서명을 넣기 위해 약 10.5cm로 약간 넓게 했다.

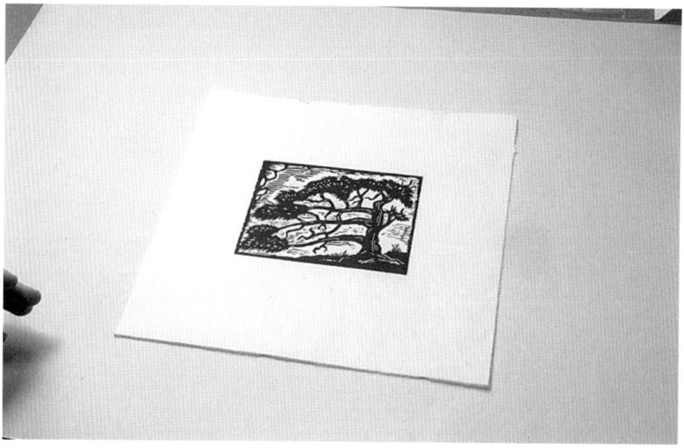

일반적으로 판화 작품은 대부분 넘버링이 되어 있다. 제한된 수량만 찍어 내고, 각각의 작품에 번호가 매겨진다. 물론 그중 인쇄가 잘되지 않아 못쓰게 되는 것도 있으므로, 넘버링 된 작품의 수가 반드시 인쇄된 작품의 수를 나타내지는 않는다. 볼록판화의 경우, 일반적으로 많게는 50개, 적게는 5개 정도 만든다.

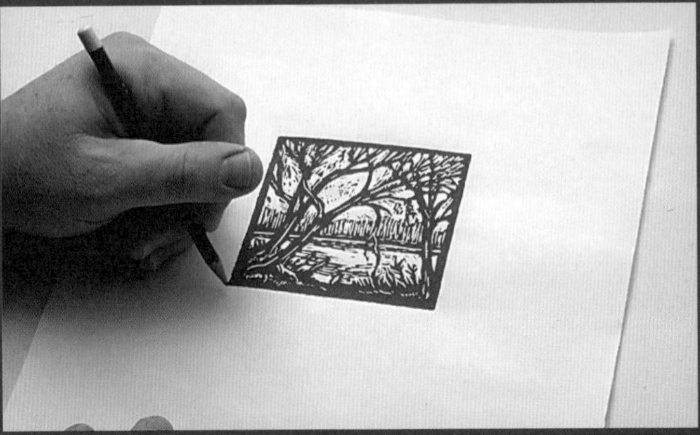

전통적으로 작품의 개별 번호와 인쇄된 작품의 총 개수는 연필로 인쇄물 왼쪽 하단에 쓴다. 작품의 개별 번호가 반드시 작품이 인쇄된 순서를 뜻하진 않는다.

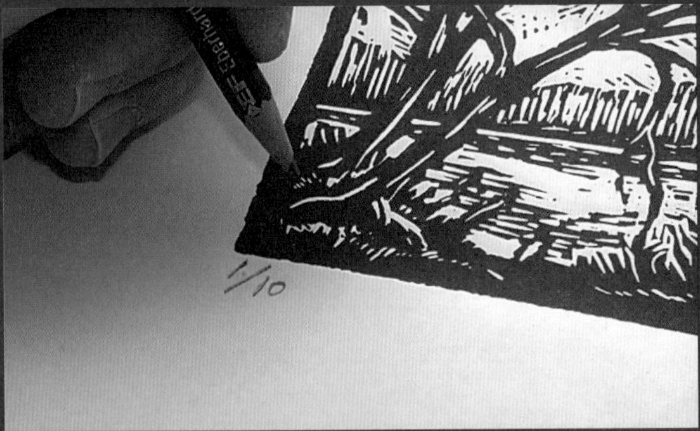

작품 제목은 중앙 하단에 쓴다.

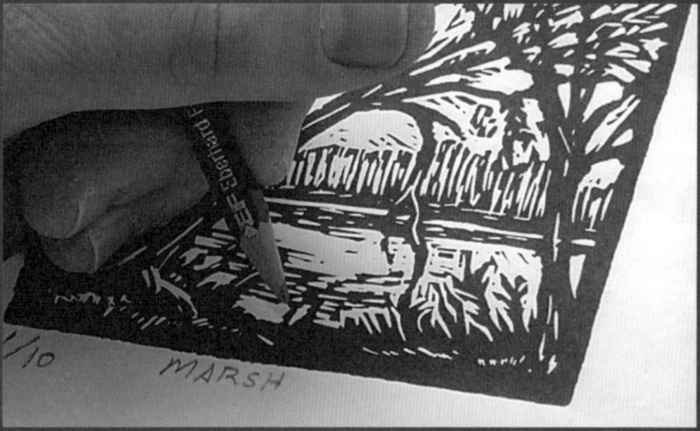

서명은 오른쪽 아래에 한다.

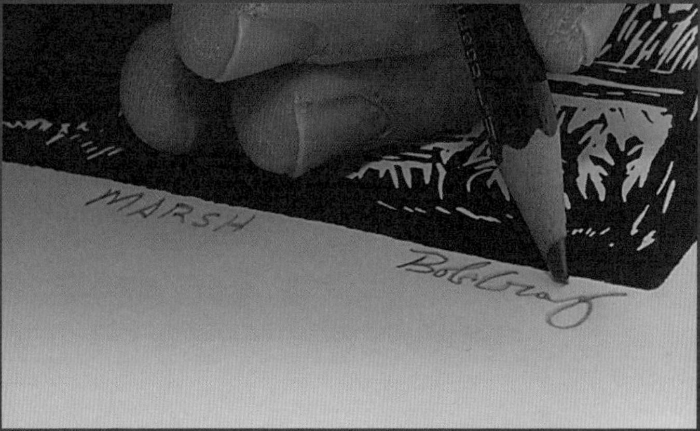

'아티스트 프루프(Artist's Proof, 작가가 참고용으로 찍어 본 작품)'는 성공적으로 찍어 낸 인쇄물들 중 첫 번째 혹은 두 번째 것을 말한다. 앞으로 찍어 낼 인쇄물들과 비교하는 데 사용된다. 아티스트 프루프는 넘버링에 포함되지 않으며 간단히 AP라고 적는다.
어떤 예술가들은 BAT(Bon à tirer, Trial Proof, 교정쇄)를 만들기도 하는데, 이는 본격적으로 작품을 찍기 전에 만드는 시험판으로, 역시 넘버링에 포함되지 않는다.

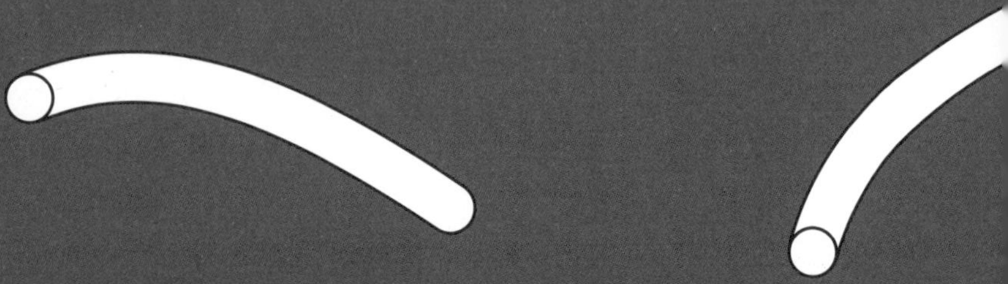

다색 판화: 소멸법

다색 판화 작업은 단순하거나 복잡할 수 있으므로, 구체적인 사전 계획을 가지고 신중히 실행해야 한다. 다색 판화 기법 중 하나인 소멸법은 리놀륨판이나 목판에 하이라이트*가 될 부분을 조각하여 기본 색상을 찍은 뒤, 판을 더 조각하여 두 번째 색상을 찍는 방법으로 진행된다. 이 과정을 가능한 만큼 여러 번 반복할 수 있다. 소멸법을 사용하면 단 하나의 판으로 다색 판화를 만들 수 있다. 물론 마지막 색상을 찍은 뒤엔 이전 단계의 조각 상태가 남아 있지 않기 때문에 더는 같은 작품을 만들 수 없다.

오른쪽의 작품은 흰 종이에 두 가지 색을 찍어 낸 것이다. 첫 번째 색은 황갈색이고 두 번째 색은 검정색이다. 다색을 찍을 때는 밝은 색부터 어두운 색 순으로 작업하면 최상의 결과를 얻을 수 있다.

* 그림의 밝은 부분

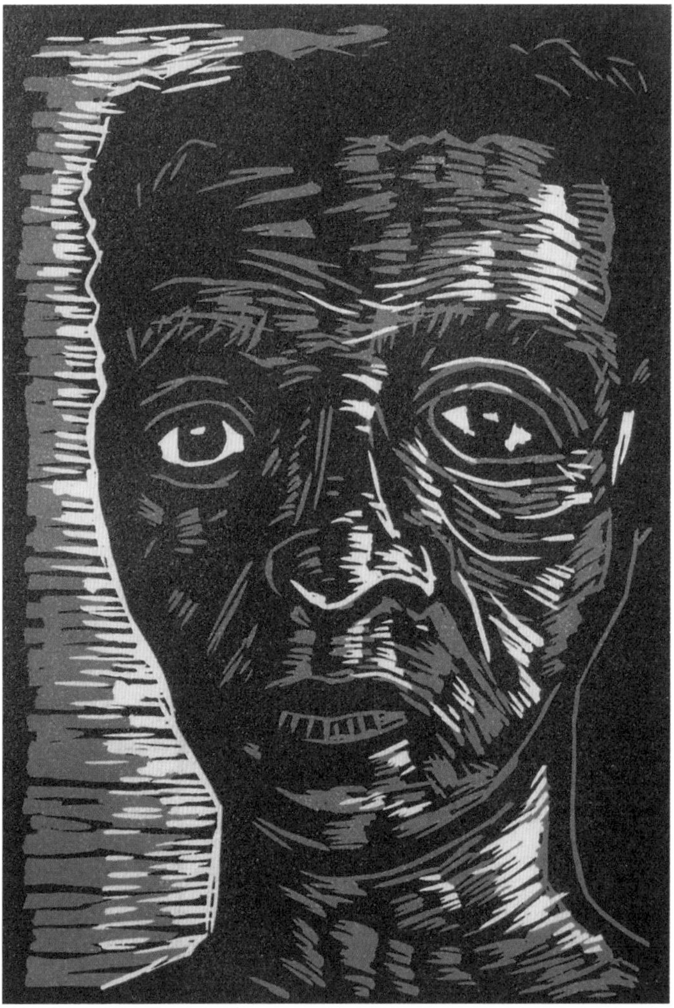

이미지를 판에 전사하고 나면, 먼저 인쇄하지 않을 영역을 깎아 낸다. 다시 말해, 하이라이트가 될 부분을 파내는 것이다.

1 사진에서 하이라이트는 목, 얼굴의 측면, 코, 눈을 따라 좁은 영역으로 정했다. 또 배경에도 가볍게 하이라이트를 추가해 얼굴 가장자리와 대조를 준다.

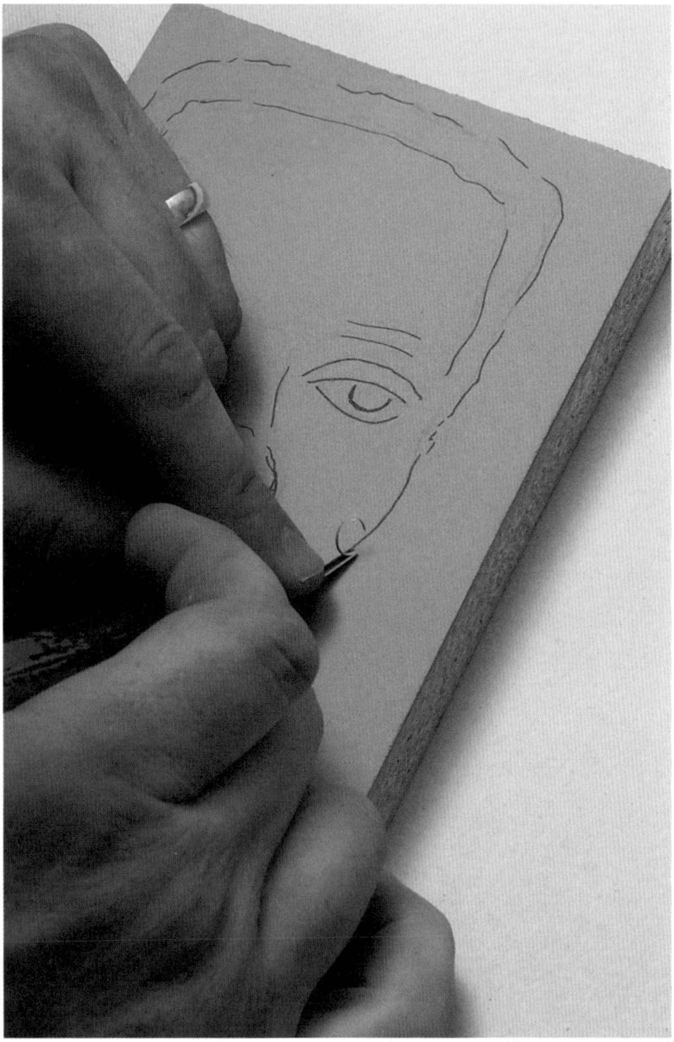

2 소멸법에서 맨 처음 조각한 부분은 인쇄되지 않는다. 원래의 종이가 그대로 남아 있는 영역이다.

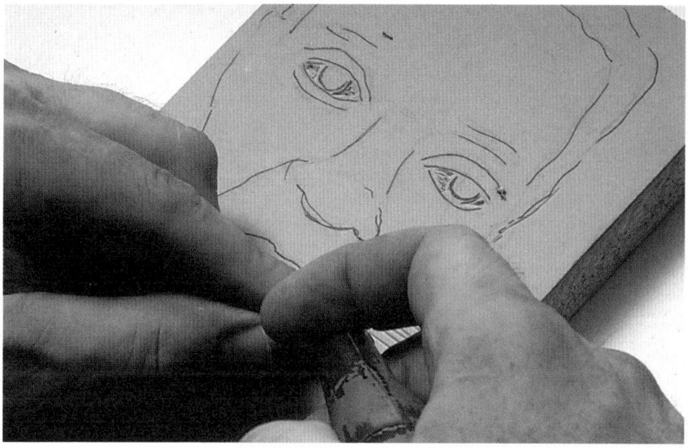

1 2 3

3 이 부분은 작은 U자형 끌을 사용하여 짧은 획으로 하이라이트를 주었다.

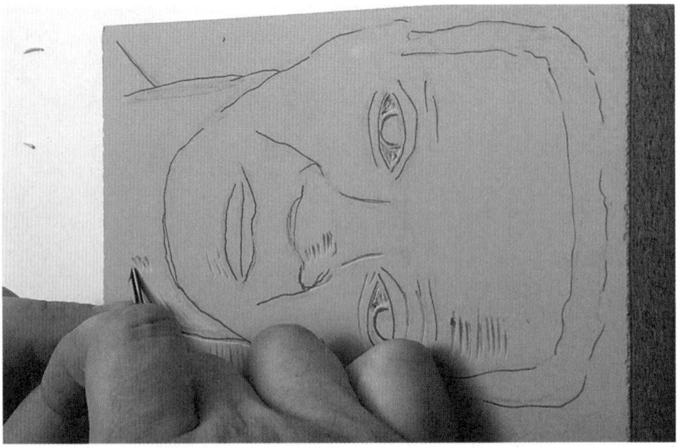

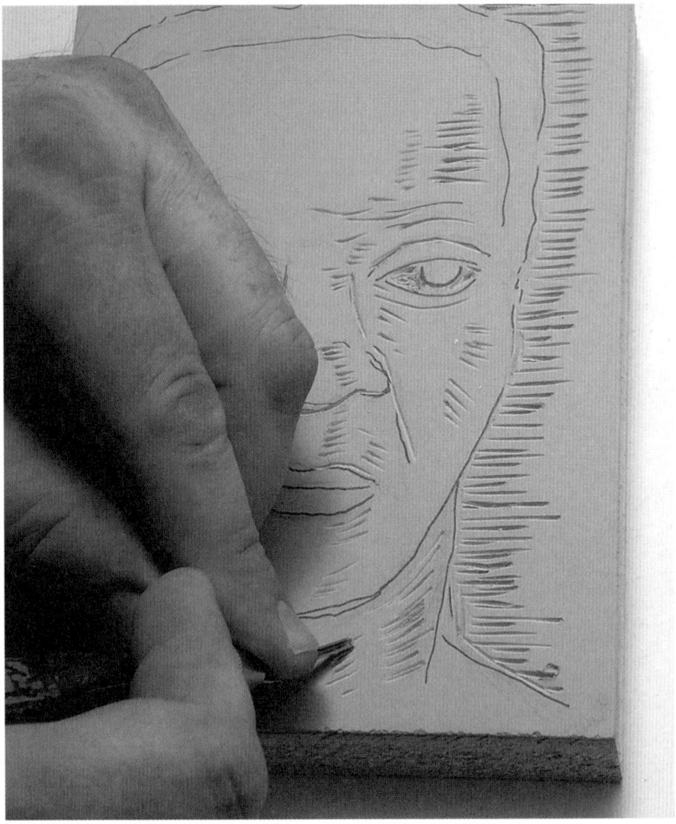

과하게 너무 많이 파내지 말 것. 하이라이트는 다소 미묘하게 주어야 한다.

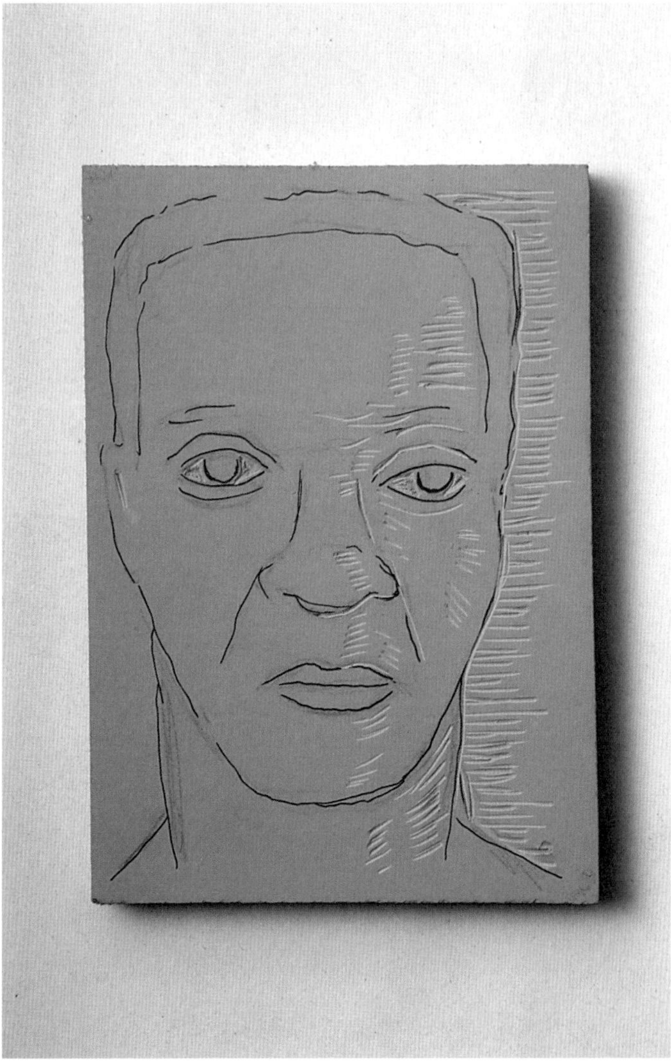

4 첫 번째 색상의 잉크를 잉크판에 펼치고 롤러에 잉크를 묻힌다.

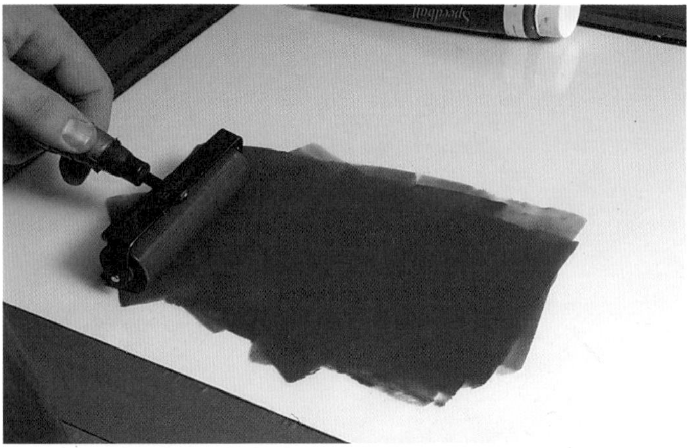

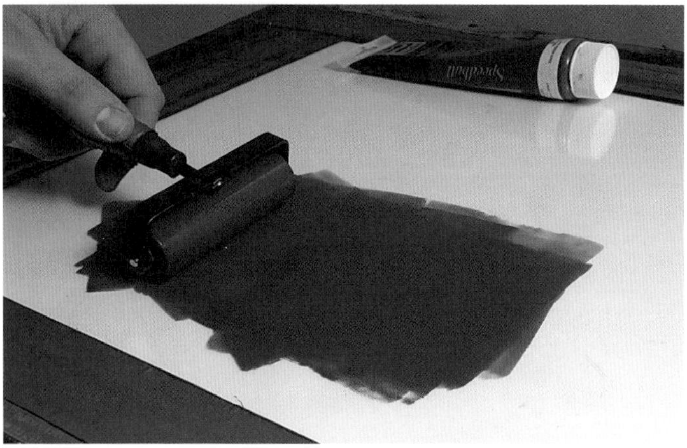

5 롤러로 조각판에 잉크를 바른다.

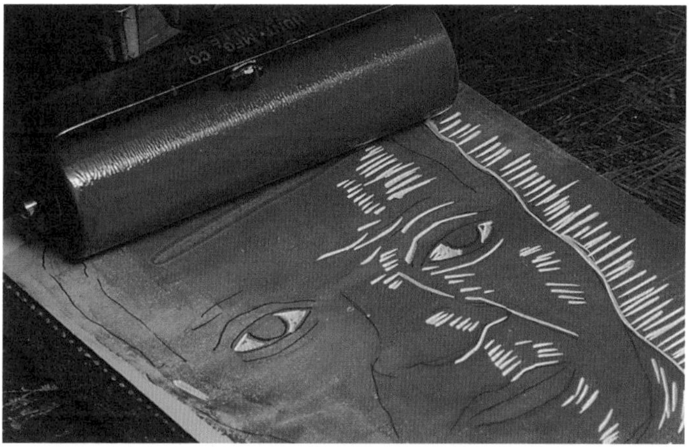

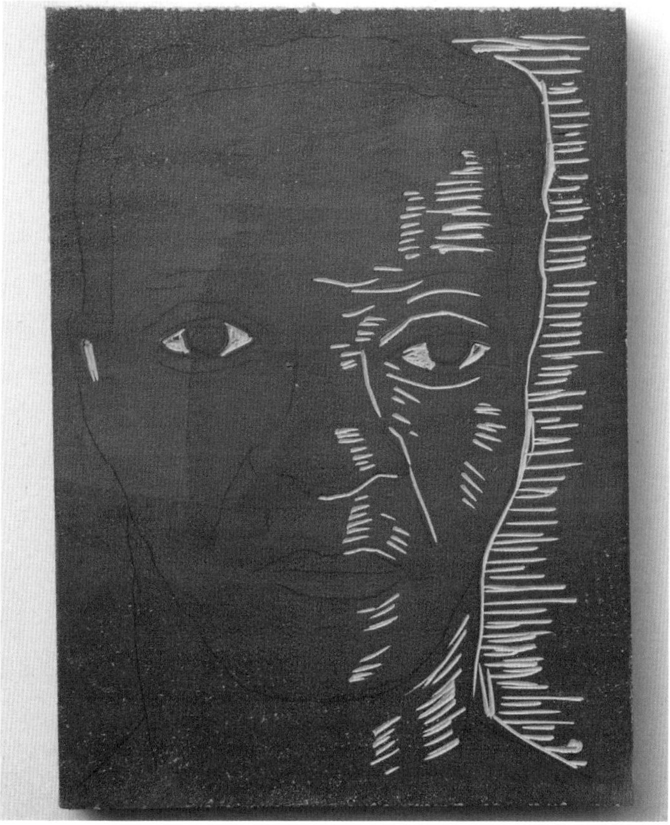

소멸법에서는 종이를 정확히 고정시키는 것이 중요하다. 지그에 테이프로 고정 핀*을 붙이면 좋다. 사진에서는 작은 작품을 만들기 위해 좁은 간격으로 붙였다. 큰 그림은 핀을 더 멀리 붙여야 한다.

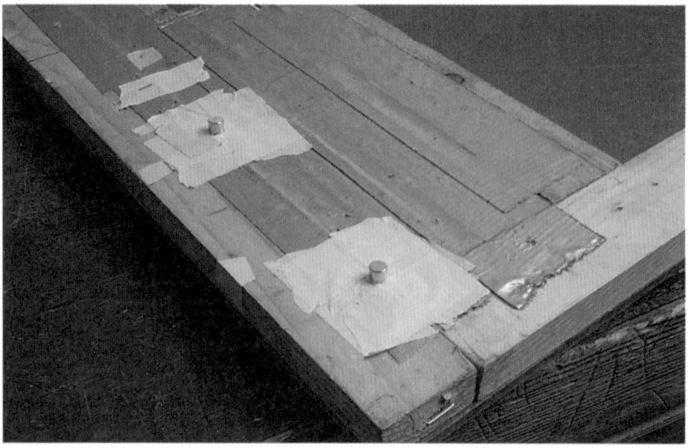

* 종이를 고정시키기 위해 사용한 이 핀은 한국에서는 구하기가 힘들다. 대체품으로 179쪽에서 사용한 압정을 사용하거나, 190쪽에 소개된 방법을 활용하는 것을 권한다.

6 핀으로 종이를 고정하려면, 종이의 여백을 더 넓게 두어야 한다. 여백은 인쇄를 한 뒤에 다시 다듬어 조정할 수 있다.

핀이 종이를 뚫고 나오도록 핀 위로 종이를 누른다. 그다음 뚫고 나온 핀 위에 마스킹 테이프를 씌워 종이와 붙인다. 이렇게 해야 두 번째 인쇄 도중에 종이의 구멍이 벌어지지 않는다.

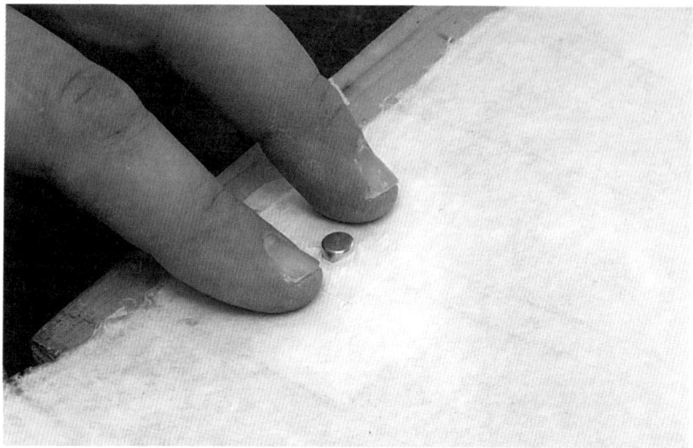

가장 큰 사이즈를 제외한 모든 인쇄물은 핀 두 개로 충분하다.

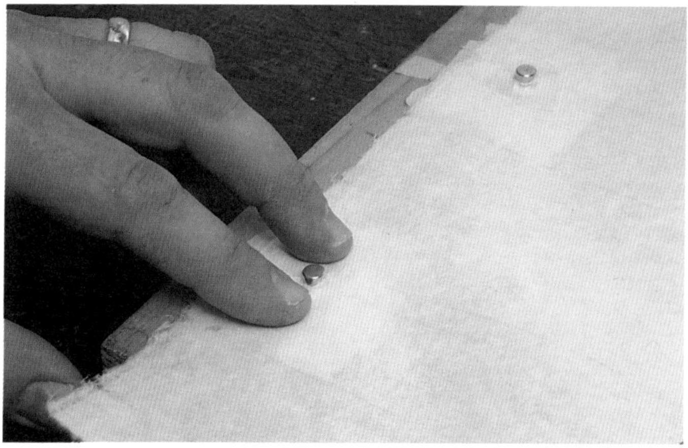

7 종이를 위로 들어 올리고 잉크를 칠한 조각판을 지그에 맞춰 놓는다. 그런 다음 종이로 판을 덮고, 종이 위를 문지르개로 조심조심 눌러 준다.

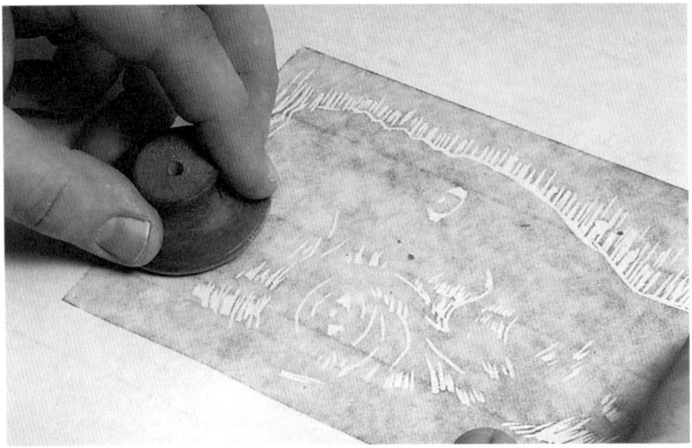

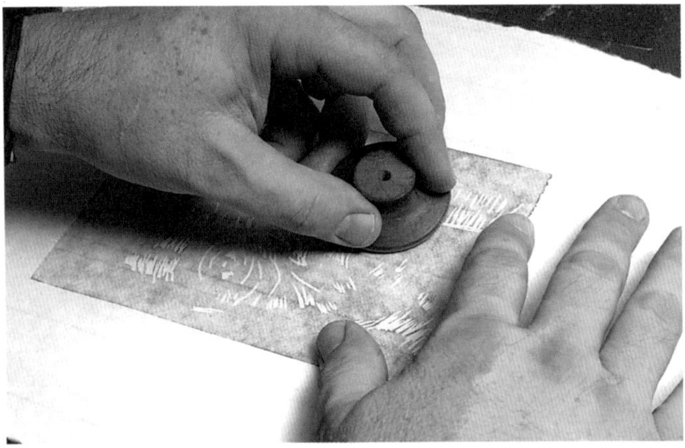

8 천천히 인쇄물을 떼어 낸 뒤, 조각판을 꺼낸다.

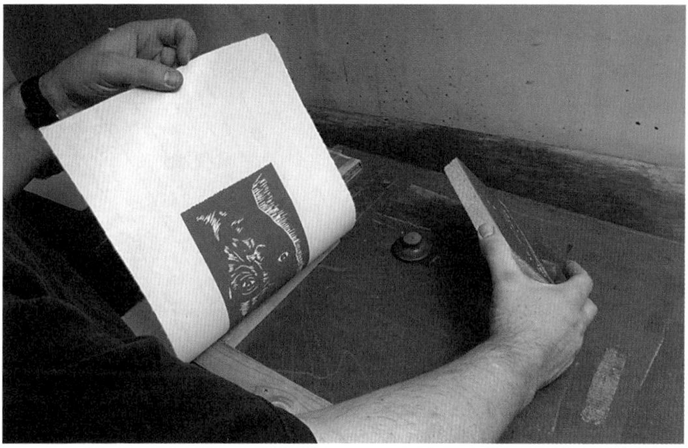

첫 번째로 조각한 판을 넉넉하게 찍어 놓아야 한다. 이후에 작품을 완성해 가는 과정에서 문제가 생길 수도 있기 때문이다. 두 번째 색을 찍어 낼 판을 조각한 뒤에는 다시 돌아가 첫 번째 색을 찍을 수 없다. 대개 첫 판은 적어도 12-13장 정도 찍는다.

9 이제 두 번째로 찍을 판을 조각해 보자. 판의 잉크를 닦아 낸 다음 첫 번째 색으로 남겨 두고 싶은 부분은 모두 파내야 한다.

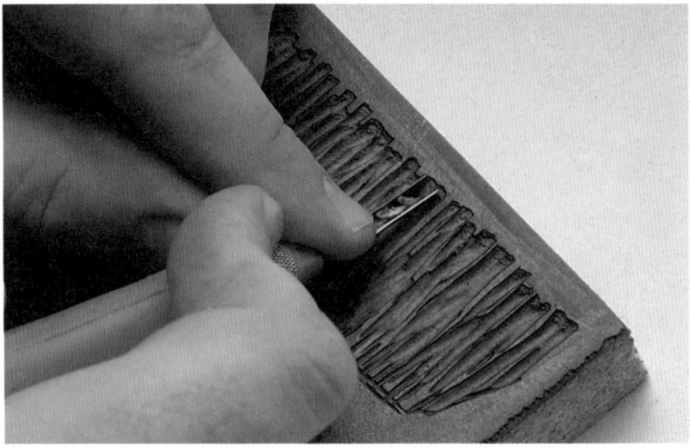

파지 않아 남아 있는 부분은 두 번째 색으로 인쇄되어 첫 번째 색을 완전히 덮게 된다. 볼록판화에 쓰이는 잉크 대부분은 불투명하기 때문에, 어두운 두 번째 색이 밝은 첫 번째 색을 완전히 덮는다. 오른쪽 사진에서는 얼굴과 눈의 디테일, 배경의 질감이 추가되었다.

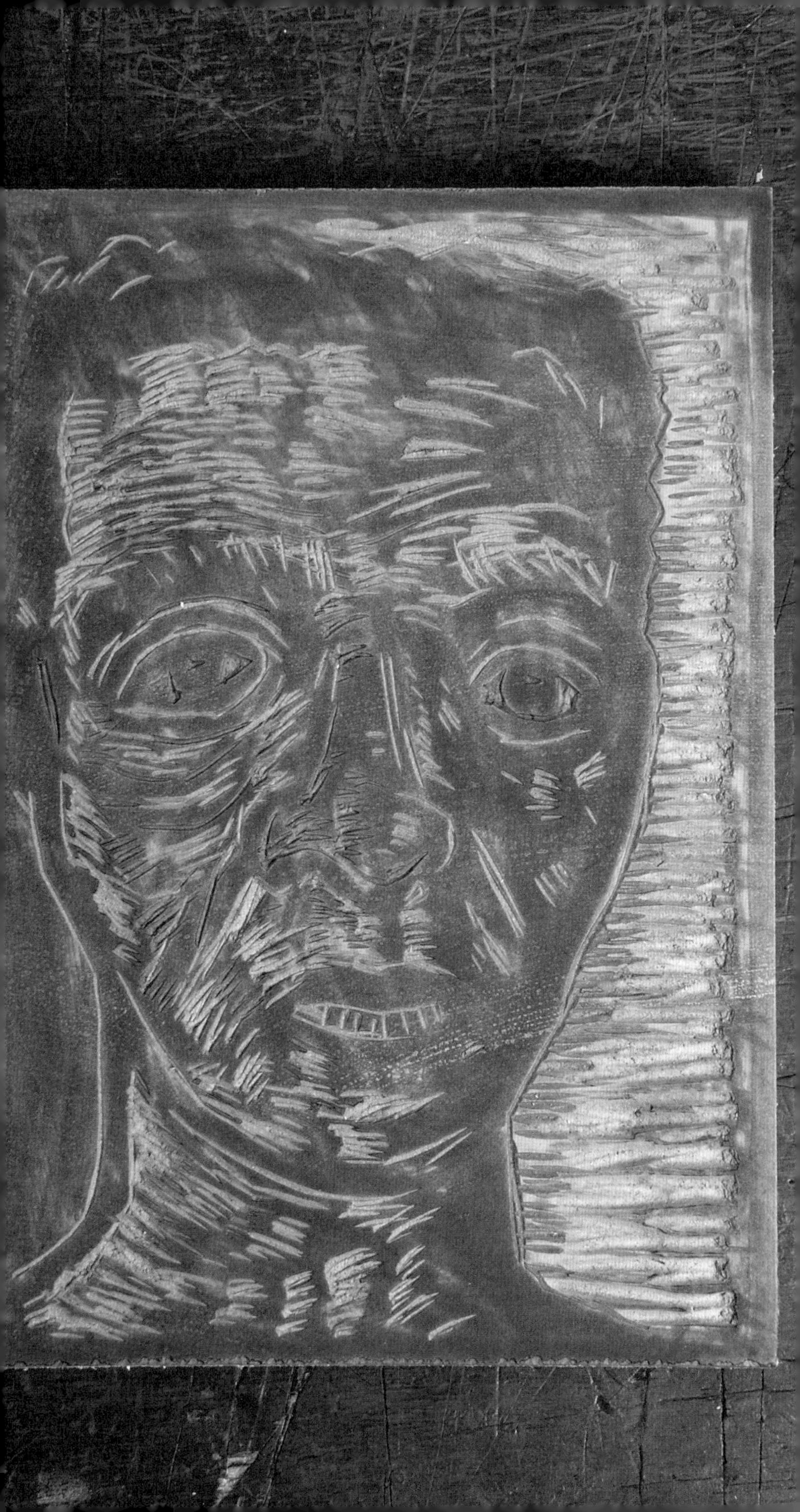

10 두 번째 잉크를 펼쳐, 롤러에 잉크를 묻힌다.

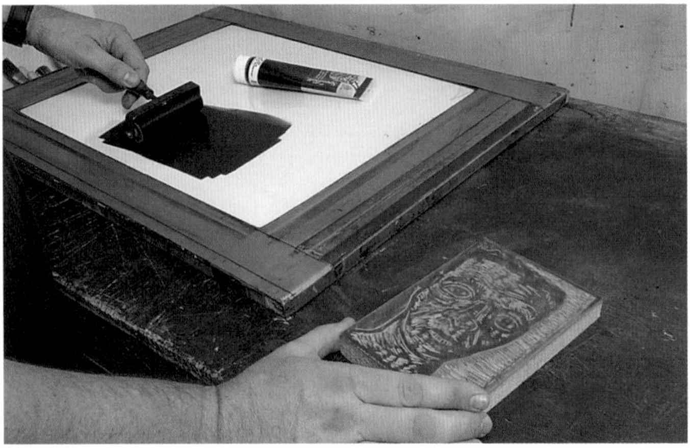

11 롤러로 조각판에 잉크를 칠한다.

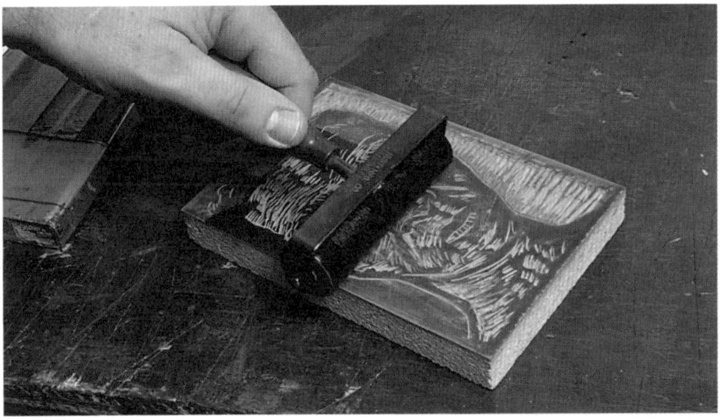

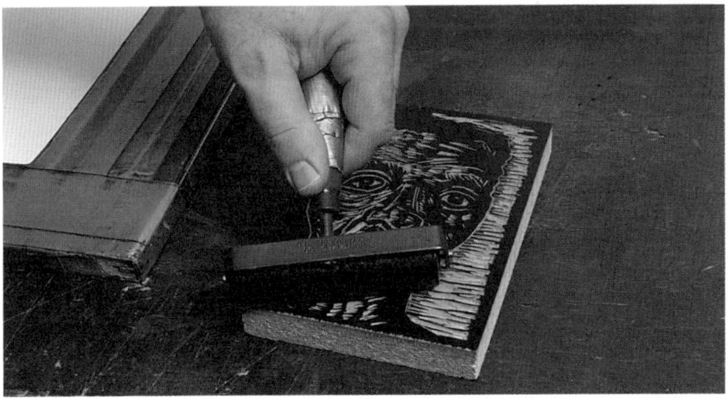

완전히 칠하고 나면 찍힐 부분을 쉽게 볼 수 있다.

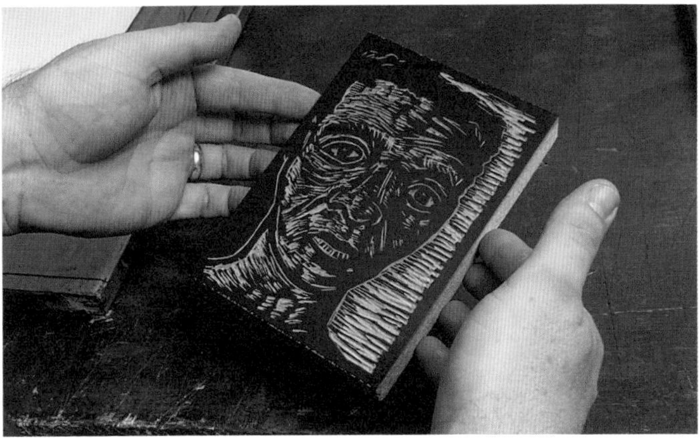

12 아까와 같은 방식으로 두 번째 판을 찍어 낼 종이를 고정한다. 종이가 처음과 정확히 동일한 위치에 놓이도록 이전에 만들어 놓은 구멍에 고정 핀을 찔러 넣는다.

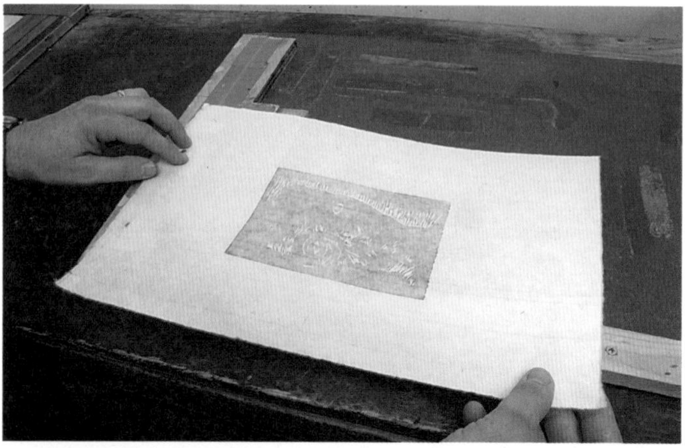

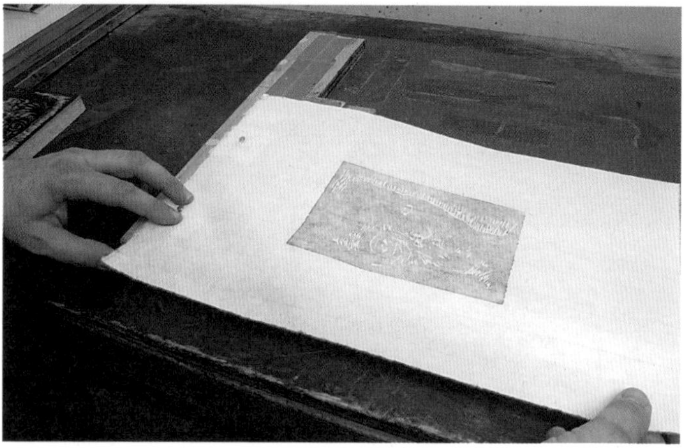

13 잉크를 칠한 조각판을 지그에 맞춰 놓는다. 첫 번째 판을 찍어 낼 때와 동일한 방향을 향하도록 한다.

모든 것이 동일하게 설정되면 첫 번째와 두 번째 판이 찍히는 위치가 완벽하게 맞아떨어진다.

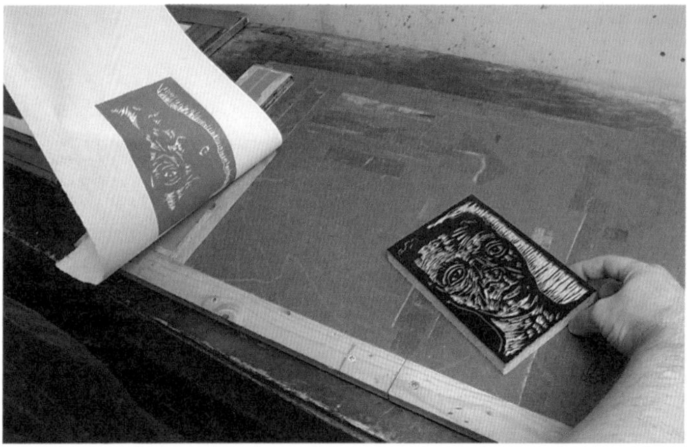

14 종이를 판 위에 천천히 놓는다.

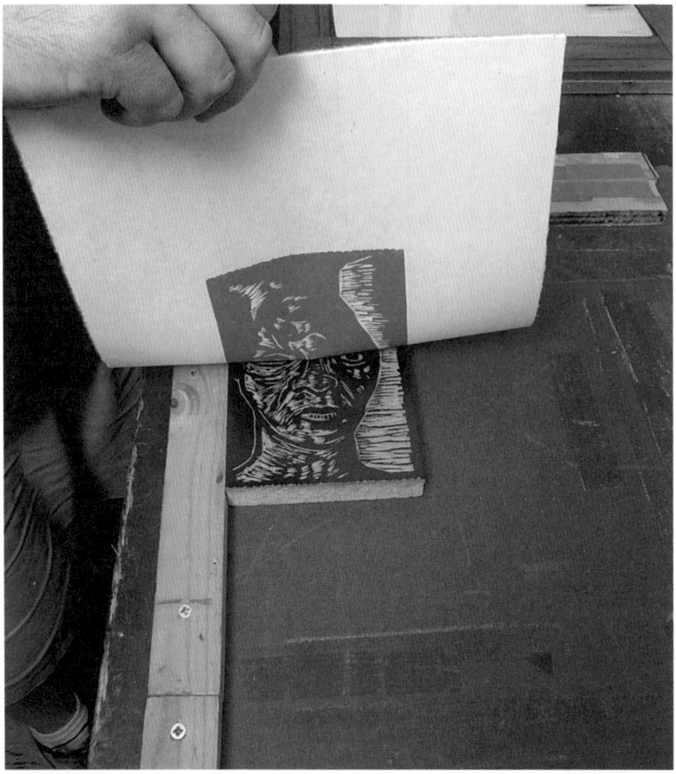

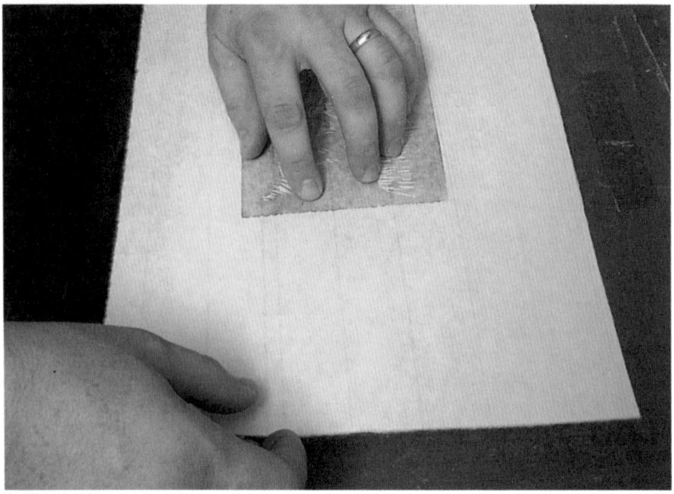

15 문지르개로 종이 위를 문지른다.

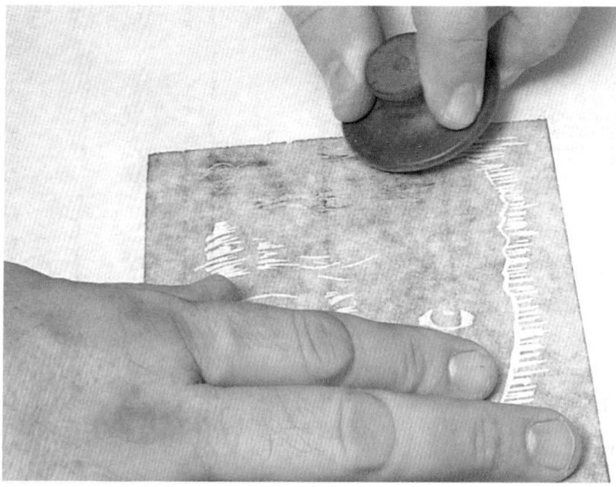

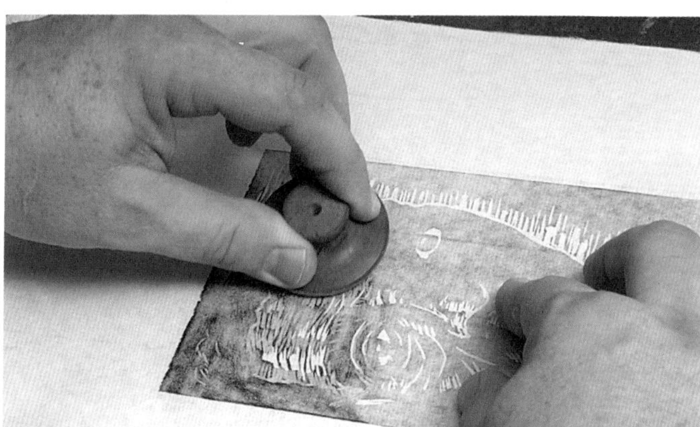

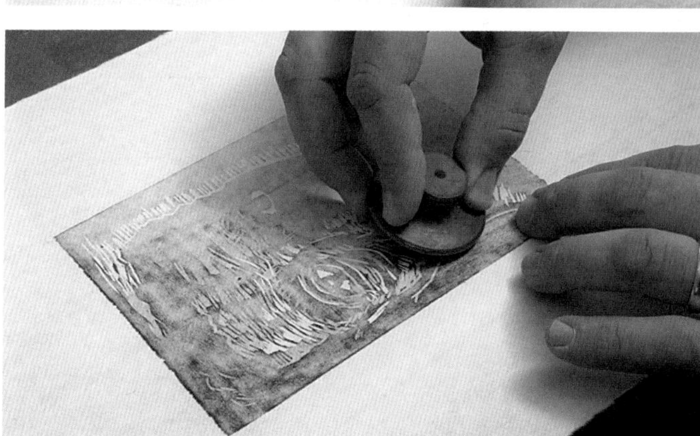

16 종이가 찢어지지 않도록 천천히, 그리고 신중히 작업할 것.

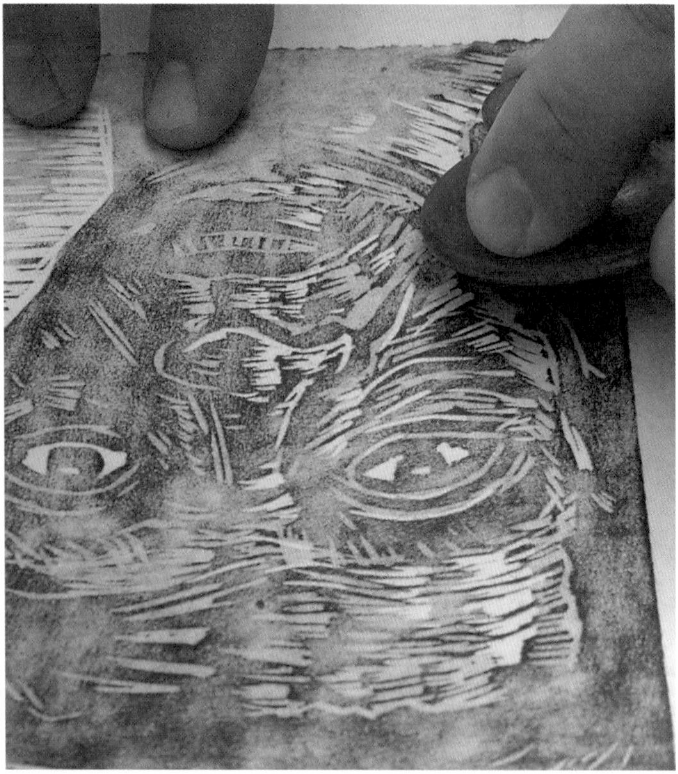

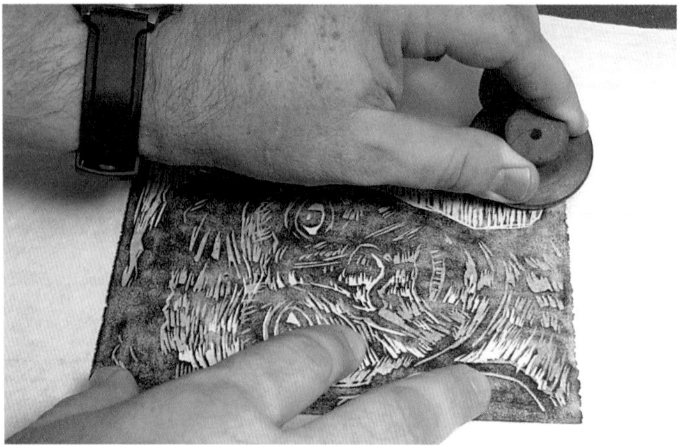

17 판에서 종이를 조심스럽게 떼어 낸다.

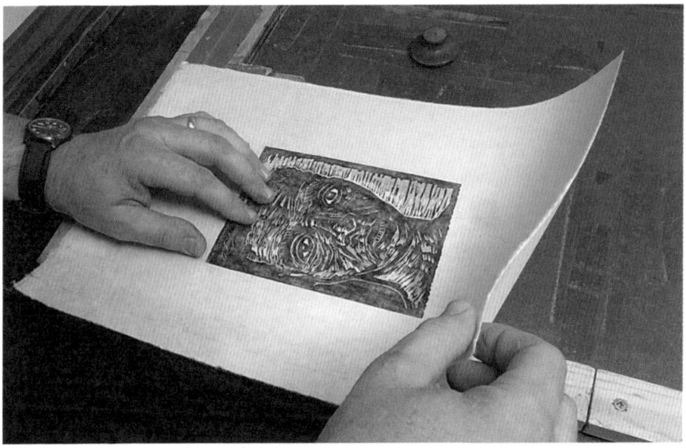

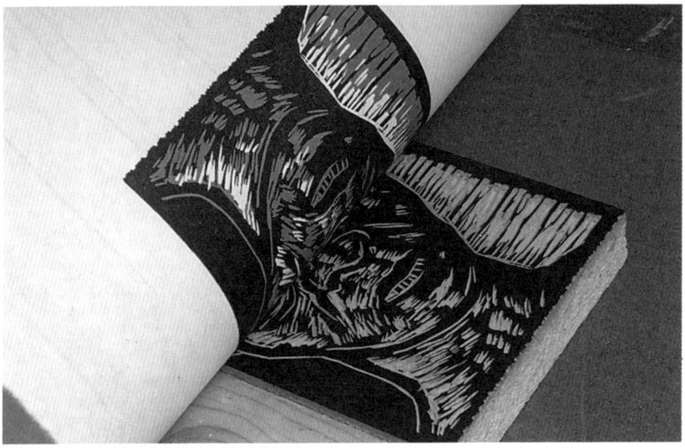

소멸법으로 완성된 판화는 두 가지 색만으로도 풍부하고 생생해 보인다.

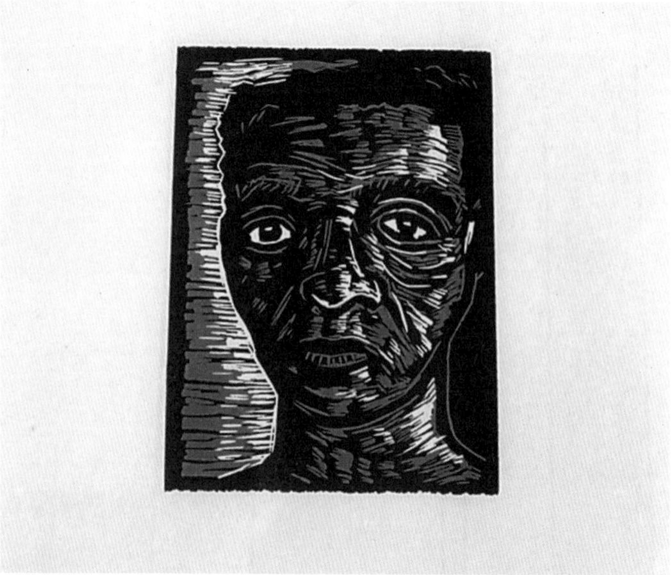

아래의 2색 판화에서는 전혀 조각하지 않은 판으로 녹색 배경을 찍은 뒤, 판에 조각을 새겨서 검정색 잉크로 인쇄했다.

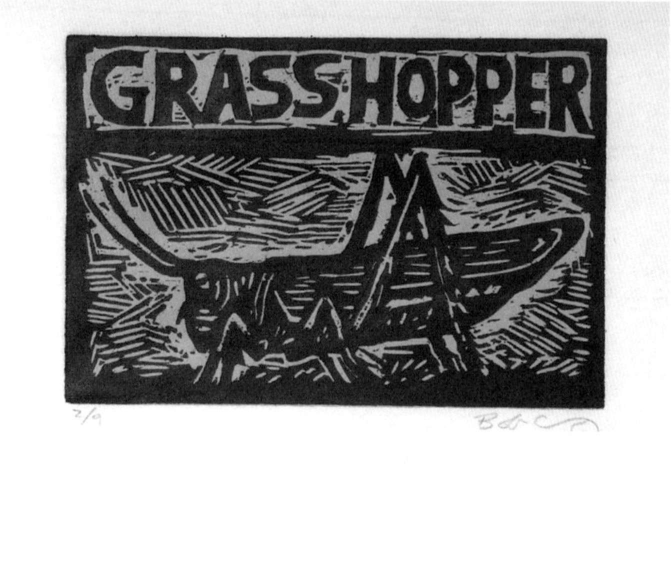

꼼꼼하게 계획하면 소멸법으로 다양한 효과를 낼 수 있다. 아래의 2색 판화에서는 녹색과 검정색을 사용하고 하이라이트 영역을 최소화 함으로써 하이라이트를 부각했다. 먼저 하이라이트 부분을 조각한 다음 녹색을 찍고, 말린 뒤 더 조각하여 검정색을 찍었다. 이런 과정을 거쳐 하이라이트가 녹색과 검정색 위에 떠 있는 느낌이 표현되었다.

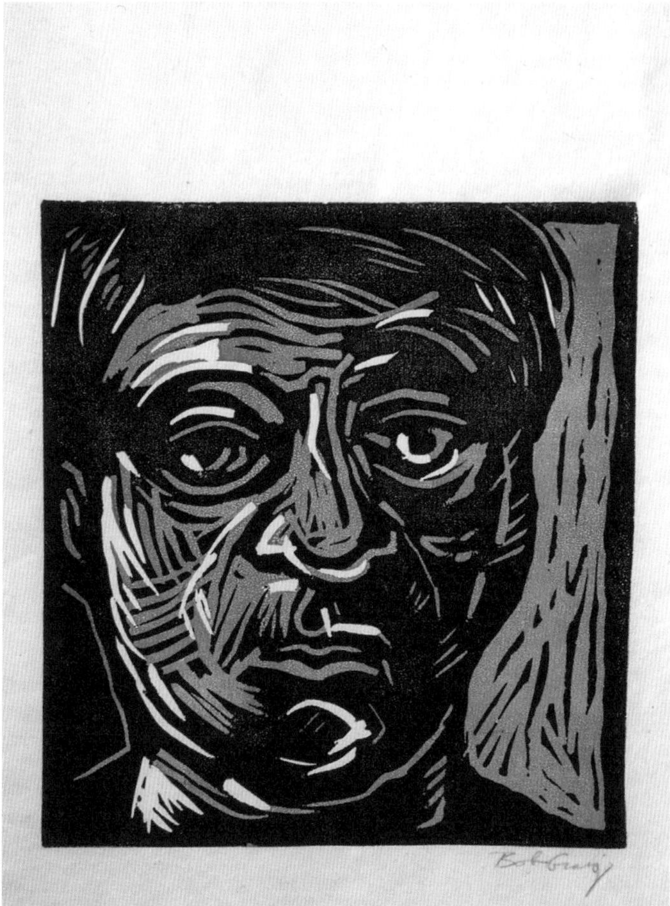

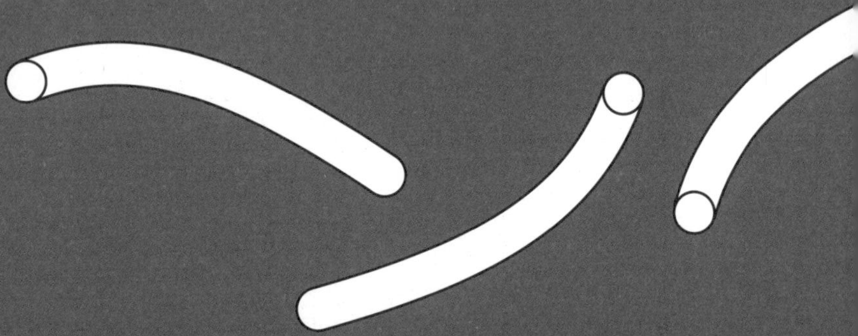

목판화

나무는 블록판화에 쓰이는 전통적인 재료다. 나무를 조각할 때 사용하는 도구는 리놀륨을 조각할 때 사용하는 도구와 다르며, 조각 기법도 다소 차이가 있다. 인쇄의 재료와 공정은 대부분 동일하다. 목판화에서는 리놀륨판화보다 미세한 세부 묘사를 할 수 있다.

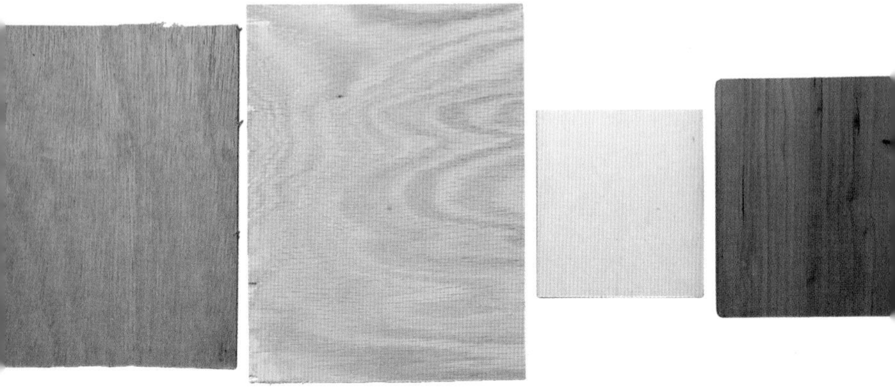

종이와 마찬가지로 판화용 나무도 질감 등에 따라 종류가 다양하다.

거친 나무는 표면에 필러(퍼티putty)를 발라 매끄럽게 만들면 작업을 쉽게 할 수 있다. 작품에 나무의 거친 질감이 그대로 나타나는 것을 선호하는 사람도 있지만, 다듬지 않으면 조각이 까다로울 수 있다.

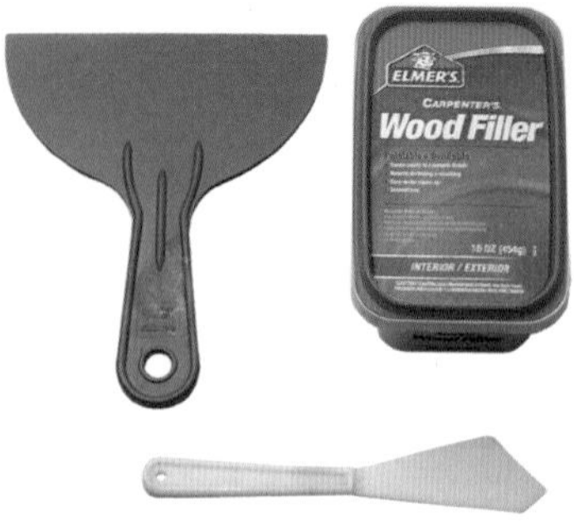

목판 준비하기

1 나무를 판화 작업에 알맞게 준비하는 첫 번째 단계는 헤라로 거친 면에 퍼티를 칠하는 것이다. 나무가 찍힐 수 있으므로 금속이 아닌 플라스틱 헤라를 사용하는 것이 좋다.

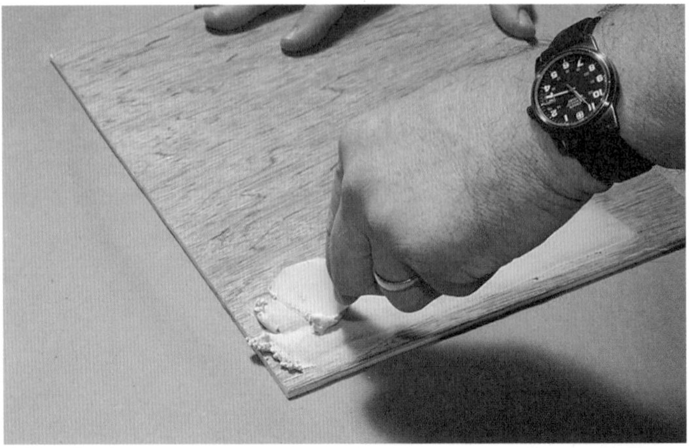

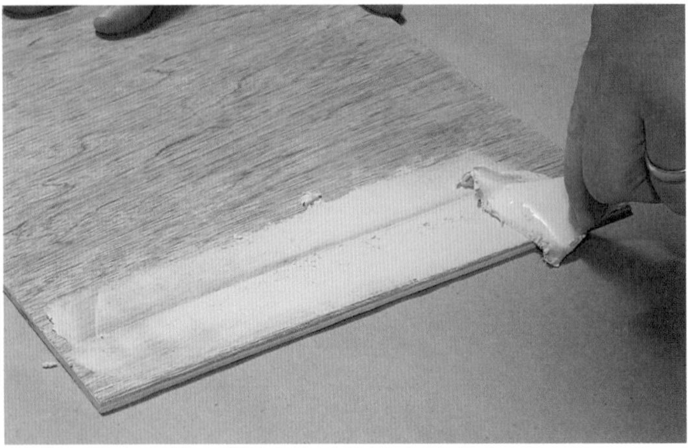

2 퍼티를 필요한 만큼 사용하여 닦아 내듯이 바른다.

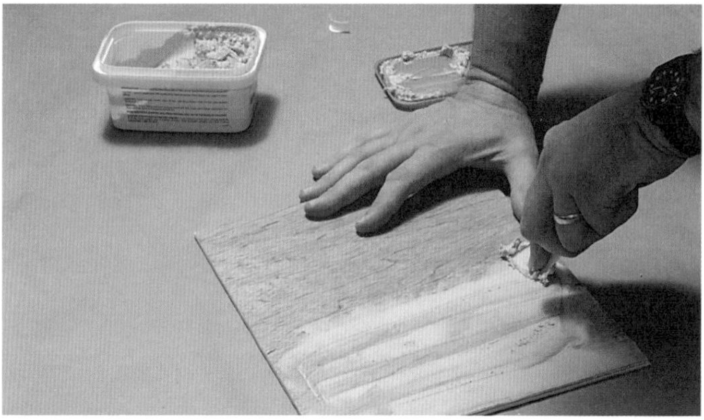

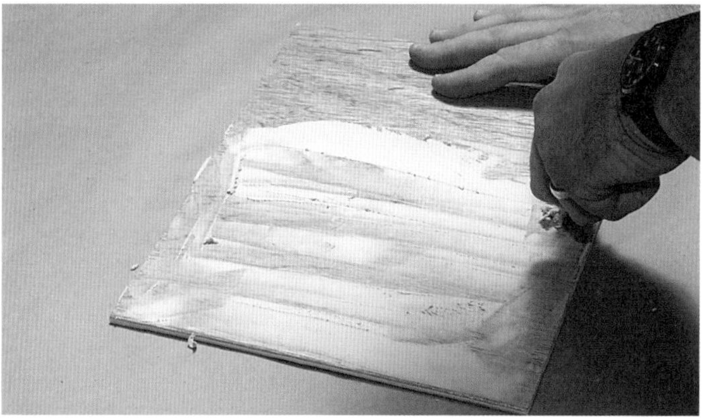

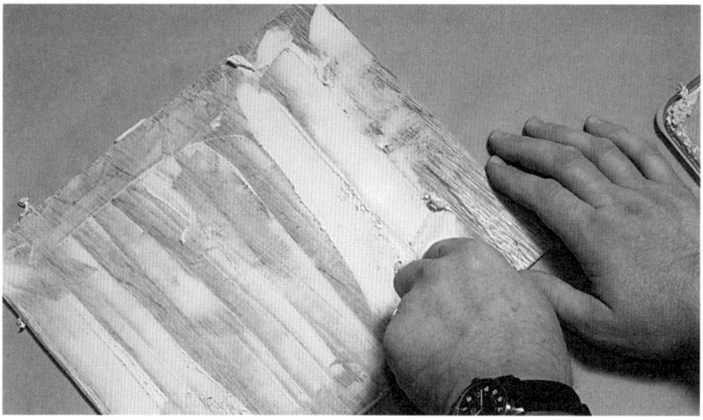

3 울퉁불퉁한 면과 틈을 없애고 가능한 한 매끄럽게 바른다.

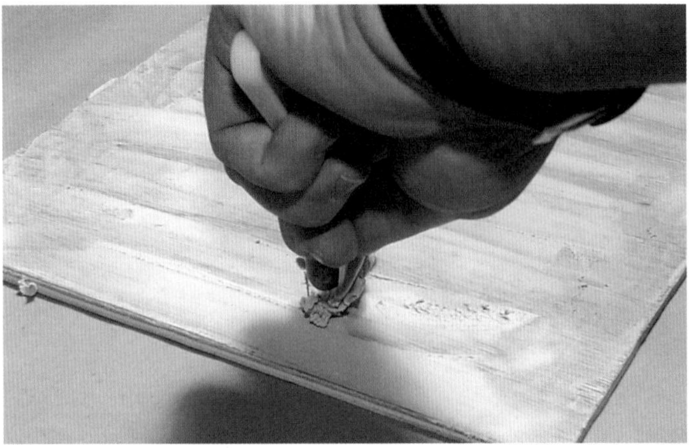

4 거친 면이 모두 덮이면 퍼티를 말린다.

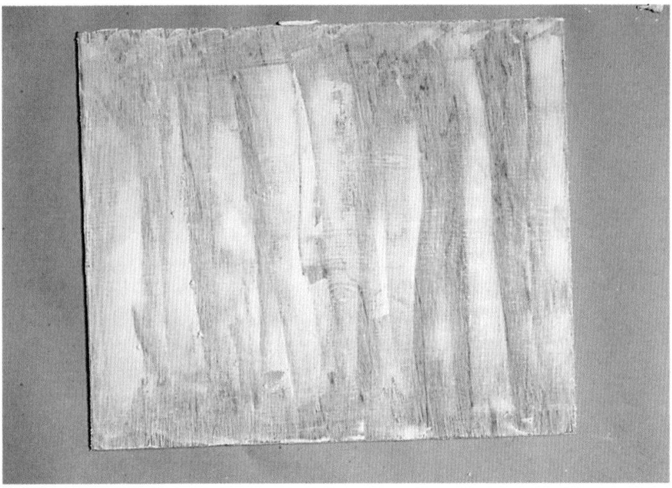

퍼티가 마르면 색이 상당히 밝아진다. 얼마나 두껍게 도포되었는가에 따라 다르지만, 마르는 데 적어도 한 시간은 걸릴 것이다. 나무를 따뜻한 양지에 두면 더 빨리 말릴 수 있다.

5 다 마른 뒤에도 여전히 거친 부분이 남아 있다면, 위에 퍼티를 덧칠하여 다시 말린다.

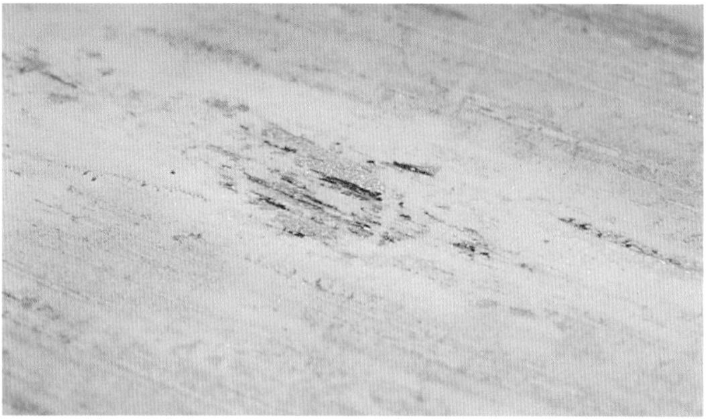

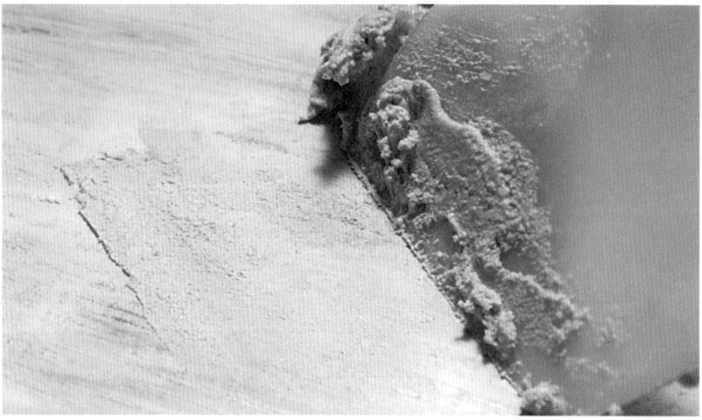

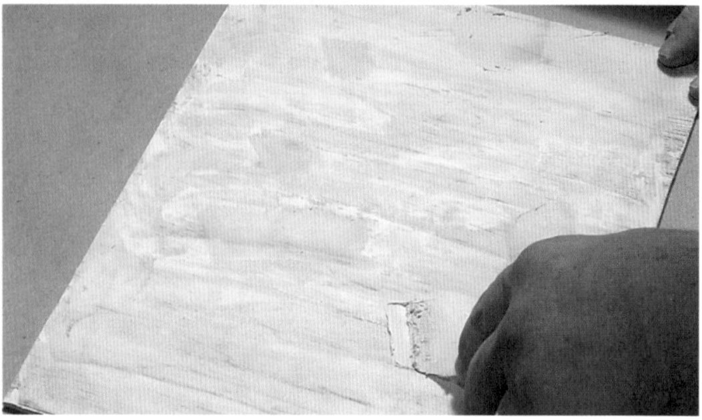

6

퍼티가 다 마르면 고운 사포로 사포질을 한다. 가루가 날리므로 야외에서 하는 것이 가장 좋다. 그런 다음 헝겊이나 키친타월로 닦아 가루를 제거한다.

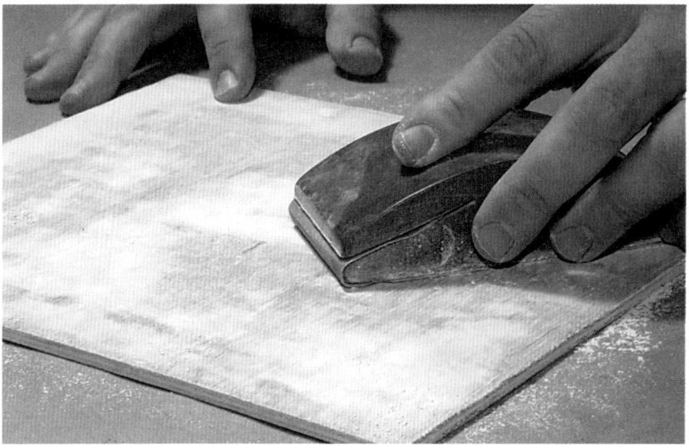

퍼티 작업을 모두 마쳤다면, 이제 목판을 조각할 차례이다.

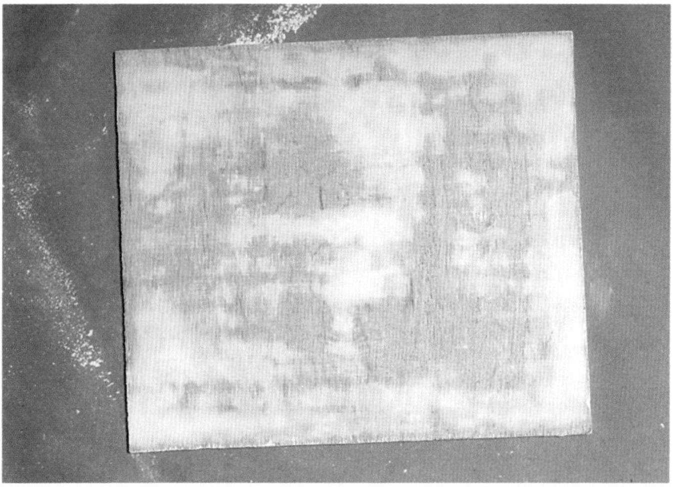

목판화에 사용할 목재는 대형 화방이나 판화도구 판매점, 목재소 등에서 구입할 수 있다. 이 외에도 원하는 크기로 절단해 보내 주는 온라인 판매점도 있어, 합판이나 MDF 등은 인터넷으로도 구입할 수 있다.

나왕나무 저렴하고 조각이 쉬운 나무로, 세밀한 표현에는 적합하지 않지만 초보자에게는 좋다. 147쪽 '목판 준비하기'에서 사용한 것이 나왕나무이다.

자작나무 합판 저렴하고 쉽게 사용할 수 있어 초보자에게 적합하다. 또한 인쇄물에 나뭇결이 찍혀 예술적인 효과를 낼 수 있다.

시나베니아 참피나무 합판으로, 목질이 부드러워 비교적 조각이 쉬운 편이다. 표면에 한 방향으로 결이 있어 결 방향으로는 파기가 쉽지만, 결의 수직 방향으로 팔 땐 나무가 뜯어지는 현상이 있을 수 있다.

마티카 조소에도 많이 사용하는 부드러운 목재로, 대형 화방에서 구입할 수 있다. 나뭇결이 없어 여러 방향으로 조각하기가 쉽다.

베니어판 일반적으로 합판이라고 부르는 목재이다. 표면이 거칠고, 조각을 할 때 결을 따라 나뭇조각이 떨어져 나가 섬세한 표현이 힘들 수 있다. 목재소에서 쉽게 구할 수 있으며 가격이 저렴하다.

MDF 섬유와 접착제를 섞어 만든 판재로 엄밀히 말하면 목재는 아니지만, 결이 없어 다양한 방향으로 조각할 수 있다. 무른 편이라 섬세한 이미지를 표현하기엔 적합하지 않다. 시중에서 쉽게 구할 수 있으며, 습기에 약하니 보관에 주의해야 한다.

눈목판 나무를 가로로 절단해 나이테가 보이는 면으로 만든 판으로, 크기가 제한적이다. 단단하여 섬세한 표현을 하기 좋으며, 뷰렌burin이라는 전문 도구를 사용해야 한다. 시중에서는 구하기가 쉽지 않다.

조각하기

성공적인 목판화 작업을 위해서는 좋은 조각 도구를 마련해야 한다. 질이 낮은 도구를 쓰면 만족스러운 작품을 만들기도 전에 실망만 하다가 그만둘 가능성이 크다.

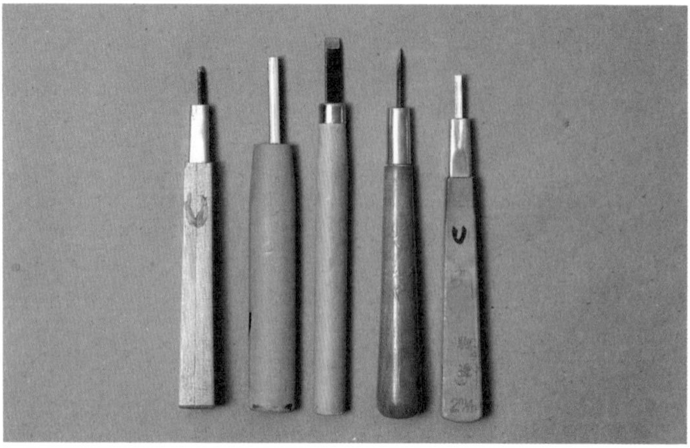

리놀륨판화와는 달리, 목판화의 조각 도구는 일반적으로 강철로 만든다. 날은 무뎌지면 다시 날카롭게 만들 수 있다. 리놀륨과 마찬가지로 나무를 조각할 때도 V자형과 U자형 끌이 가장 유용하다. 대부분의 목판화용 조각 도구 세트에는 조각도와 둥근 끌이 들어 있다.

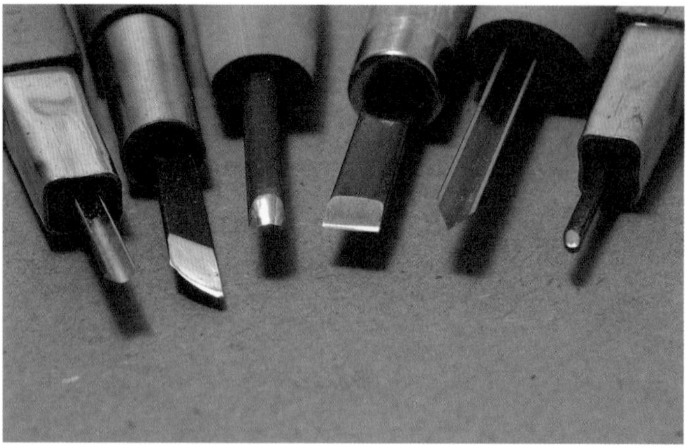

전통적으로 두 개의 레이어로 된 조각 도구가 최고급 제품이다.

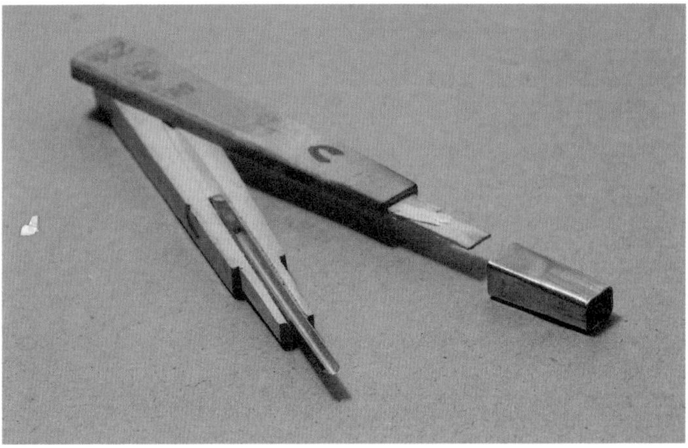

시중에 파는 조각도는 작업하는 사람의 손에 딱 맞게 손잡이를 잘라 쓸 수 있다.

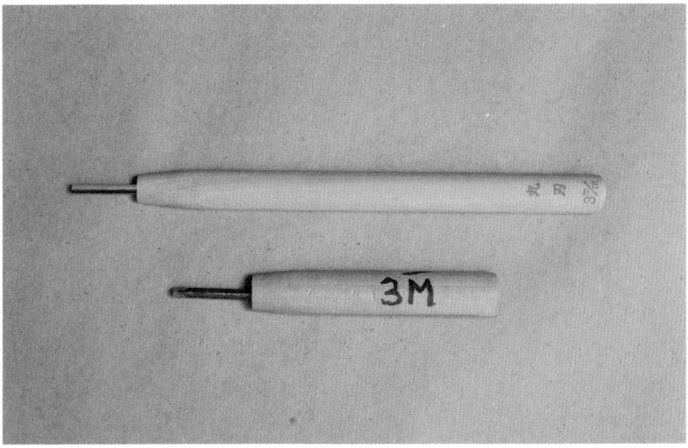

손잡이를 자르지 않으면 너무 길어서 작업하기가 어렵다.

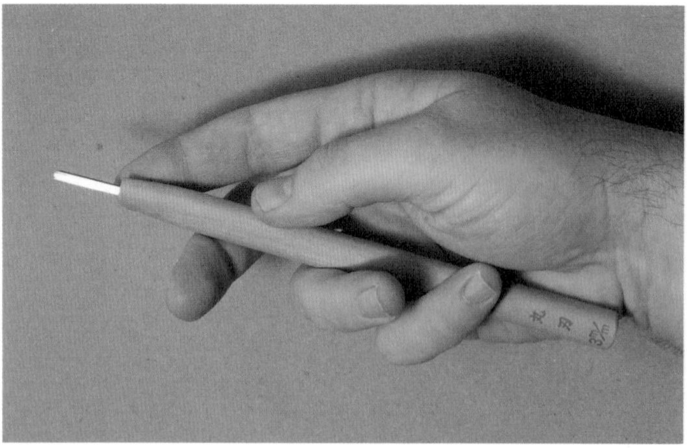

톱으로 손잡이를 잘라 내고 사포질을 하면 된다. 사진과 같이 손잡이는 검지에 꼭 맞추고 엄지로 받친다. 조각도를 쥔 느낌이 편안해야 안전하게 작업할 수 있다.

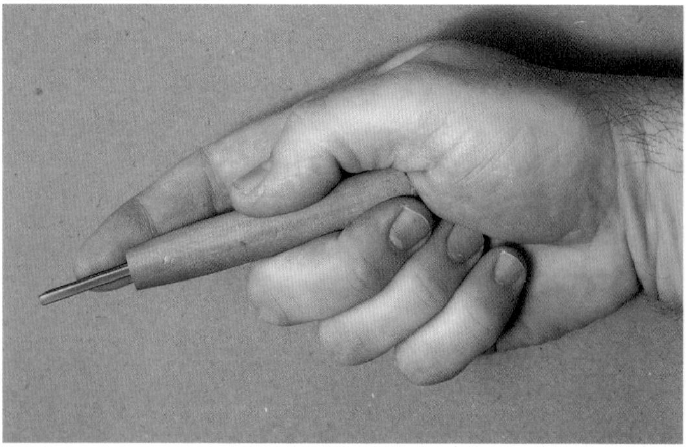

목판화 작업에 요긴한 도구는 벤치 후크*다. 이 도구는 나무 조각에 필수적이다. 시간이 절약되고 조각을 훨씬 안전하게 할 수 있다.

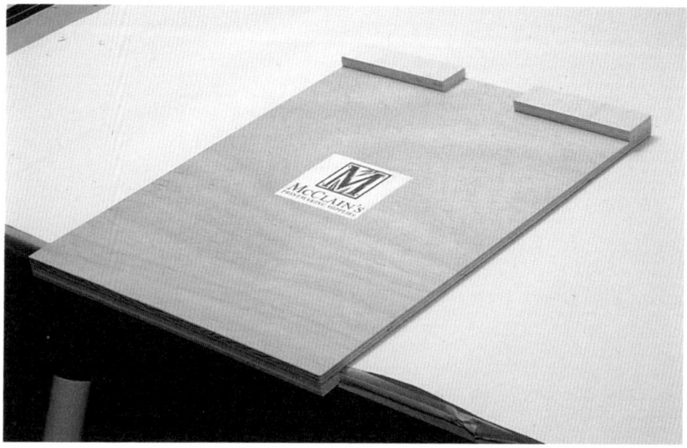

조각판의 가장자리나 모서리를 벤치 후크에 고정한 채로 조각한다. 손으로 나무판을 잡고 조각해선 안 된다. 도구가 미끄러져 쉽게 다칠 수 있다. 나무용 조각 도구는 매우 날카로우므로 심각한 부상을 입을 수 있다는 것을 기억하라.

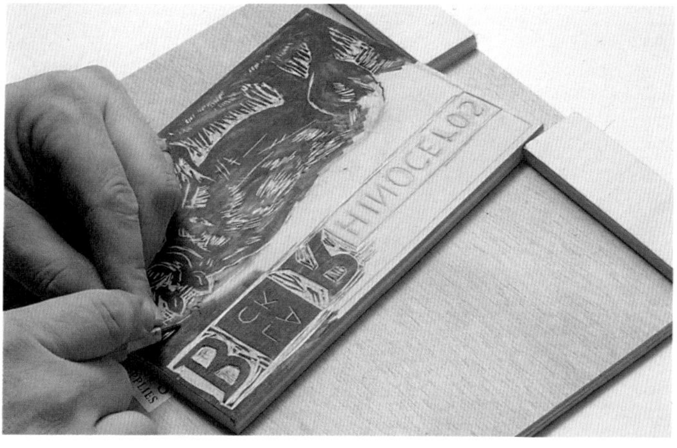

* 도구를 사용할 때 재료가 앞뒤로 밀리지 않도록 작업대에 고정시켜 놓은 나뭇조각. 화방에서 구입하거나, 나뭇조각 혹은 보드지를 접합하여 제작할 수 있다. 화방에서 판매하는 것으로는 나무로 만든 것과, 잉크판으로도 쓸 수 있는 철제로 된 것이 있다.

1 조각 도구는 리놀륨판을 조각할 때처럼 사용하면 된다. 양손으로 도구를 잡고, 도구 위에 손가락을 얹어 파낼 방향으로 힘을 싣는다. 천천히 조금씩 조각한다. 너무 빨리 하려고 하면 미끄러져 엉뚱한 부분을 파낼 수도 있다. 나무를 조각할 때는 리놀륨을 조각할 때보다 힘을 조금 더 주어야 한다.

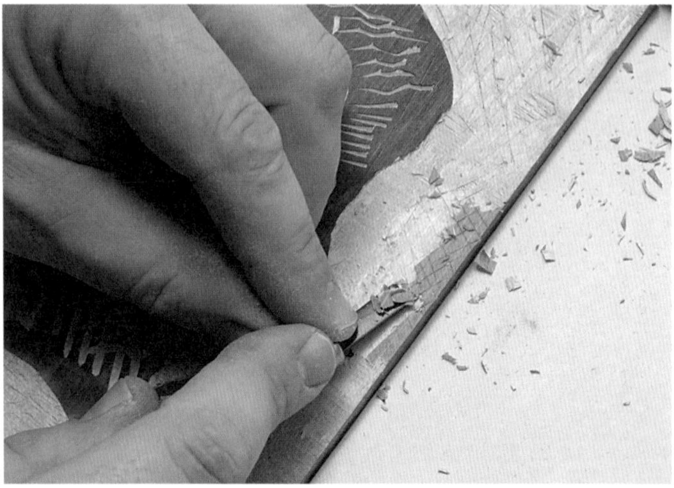

2 넓은 면적을 파내기 전에는 먼저 칼로 파낼 부분을 표시한다.

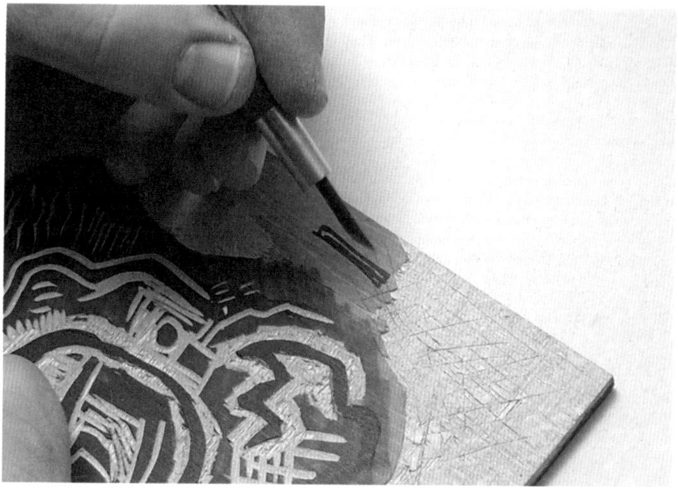

3 한 방향으로 칼집을 얕게 넣는다.

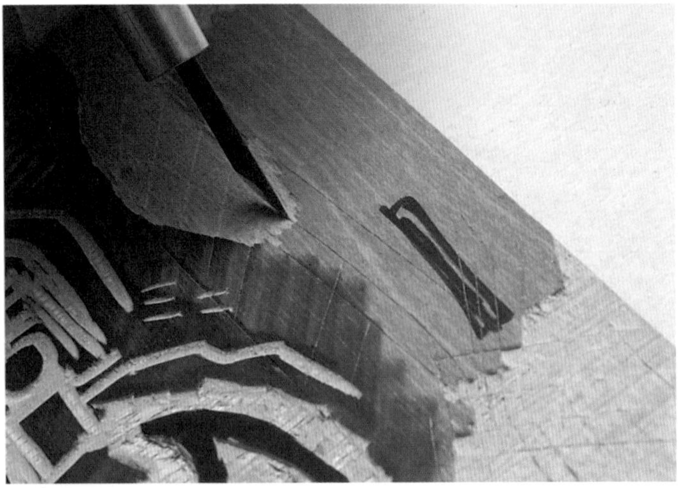

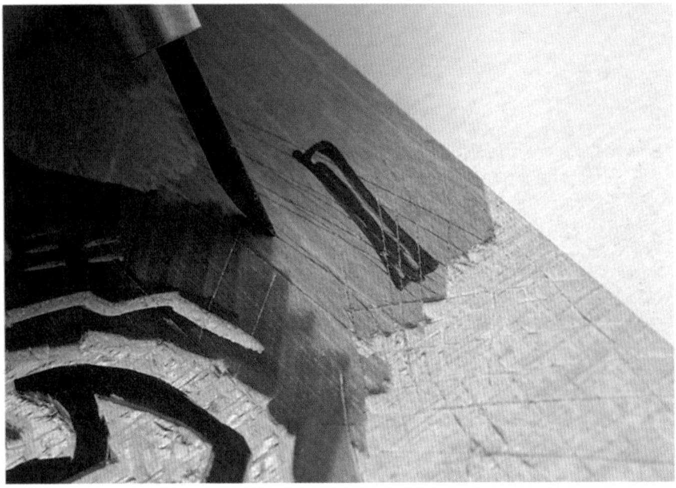

4 그런 다음 반대 방향으로도 칼집을 넣는다.

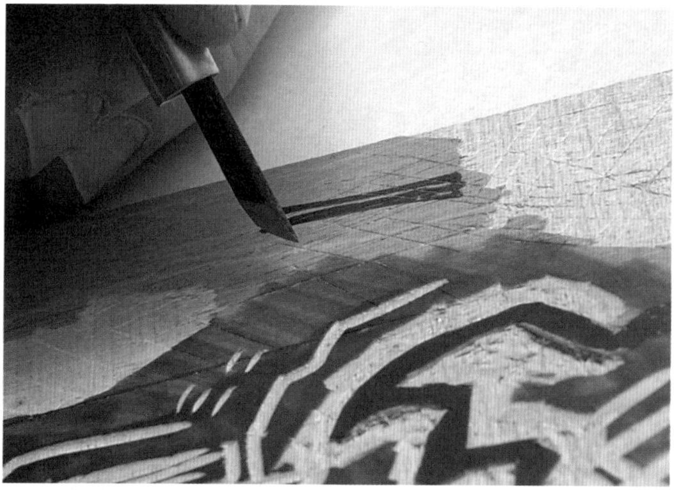

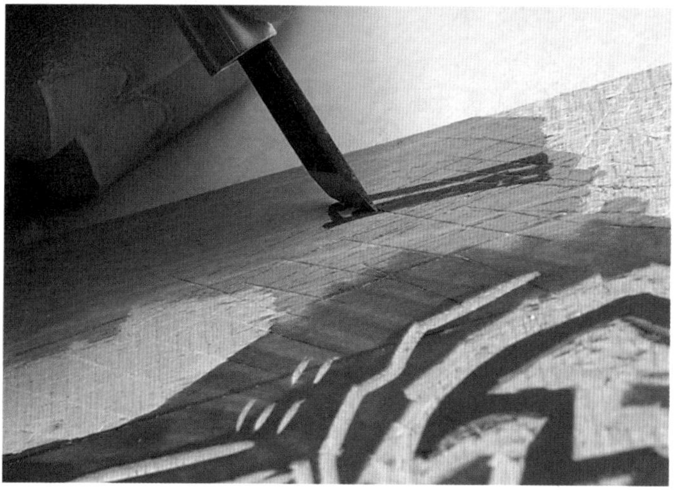

5 칼집 넣은 부분을 납작 칼로 살살 걷어 낸다. 칼이 거의 스치듯 지나가게만 한다. 절대로 힘주어 흔들지 말 것.

조금이라도 칼에 걸리는 부분이 있다면 다시 칼집을 넣어 파낸다.

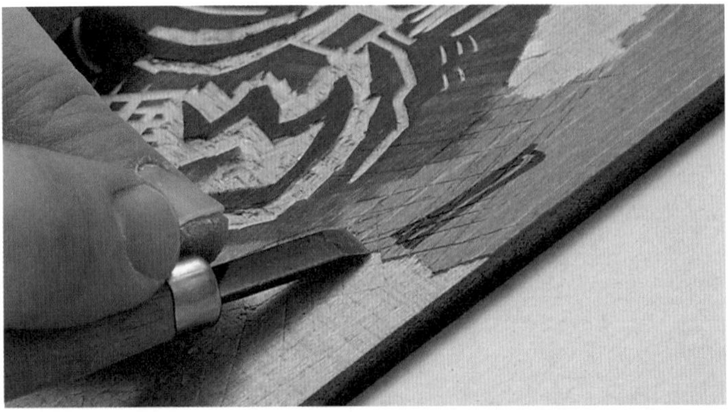

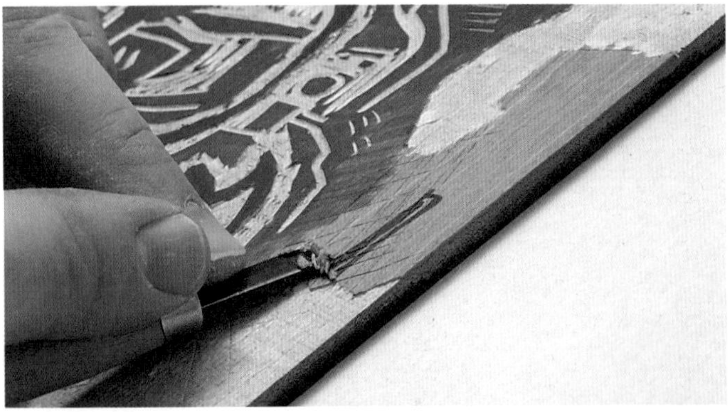

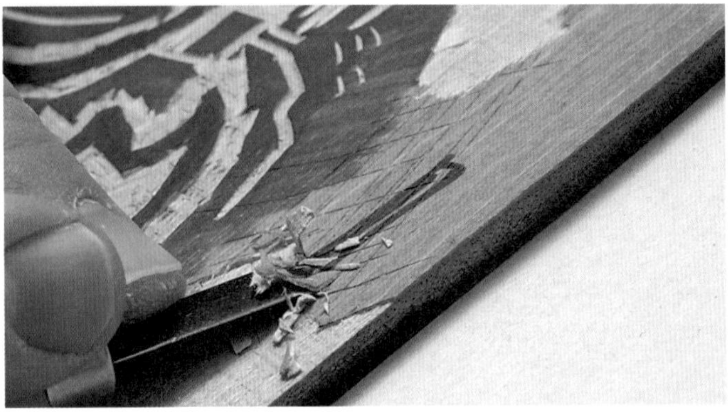

6 리놀륨과 마찬가지로 깊이 파낼 필요가 없다. 너무 깊게 조각하면 도구나 판이 손상될 수 있다.

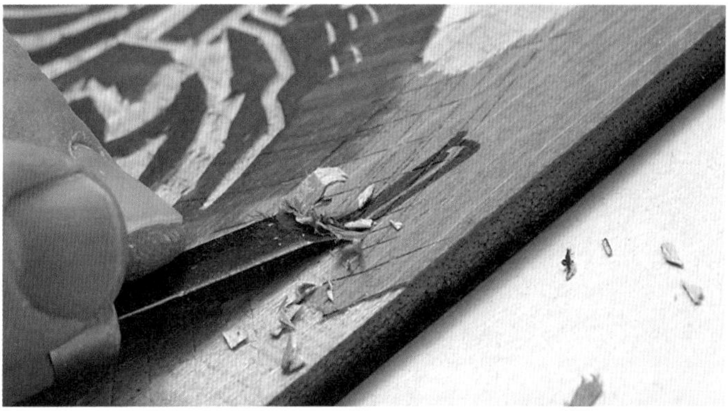

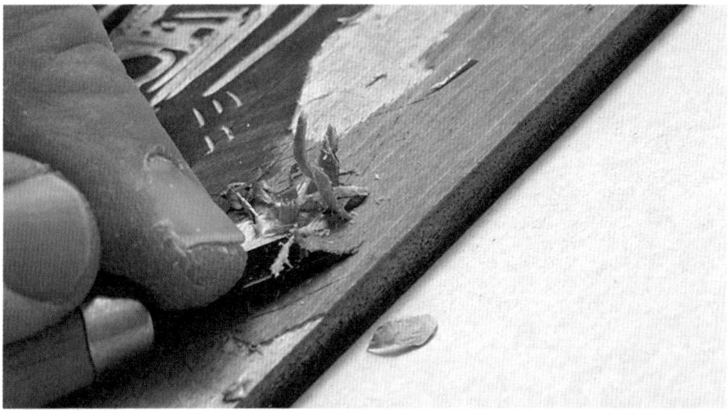

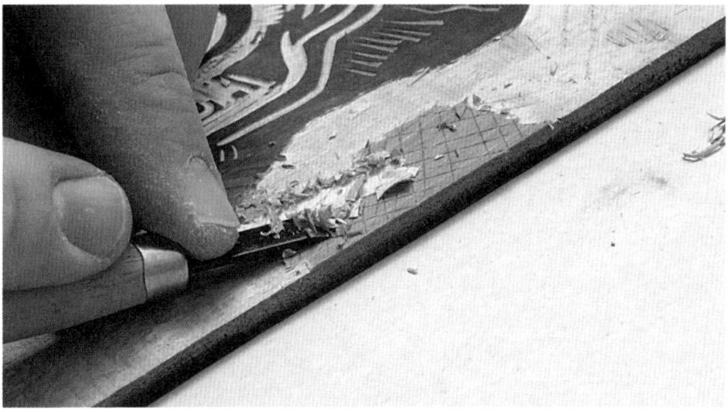

7

언제나 그렇듯이 넓은 면적을 조각할 때에도 조금씩
정밀하게 파내는 것이 가장 좋다.

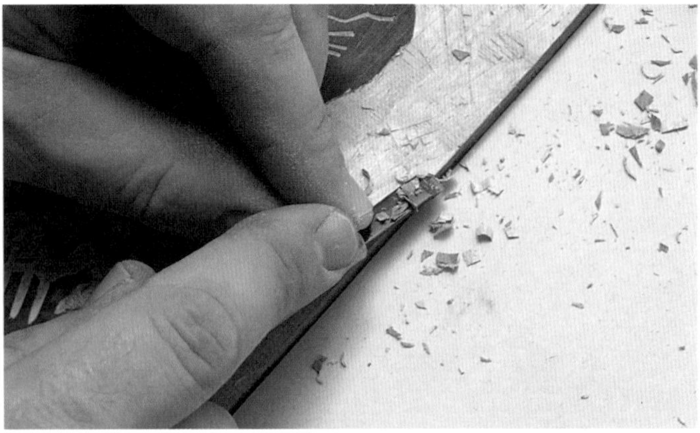

8

인쇄하지 않을 부분을 모두 제거한다.

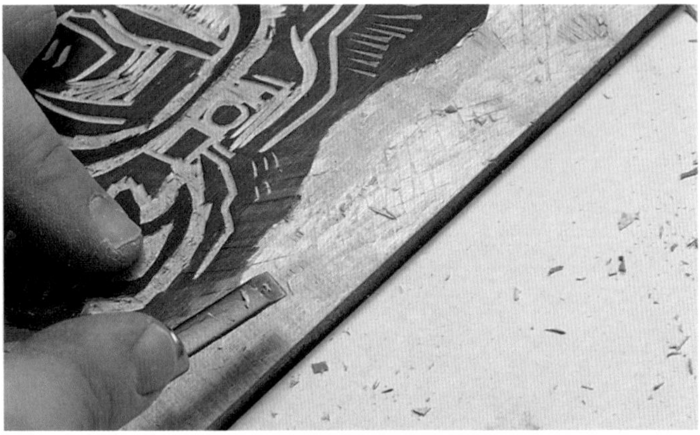

9 도구를 바꿔 디테일을 표현한다. 작고 날카로운 V자형 끌로는 아주 얇은 부분을 파낼 수 있다. 날이 예리할수록 쉽다.

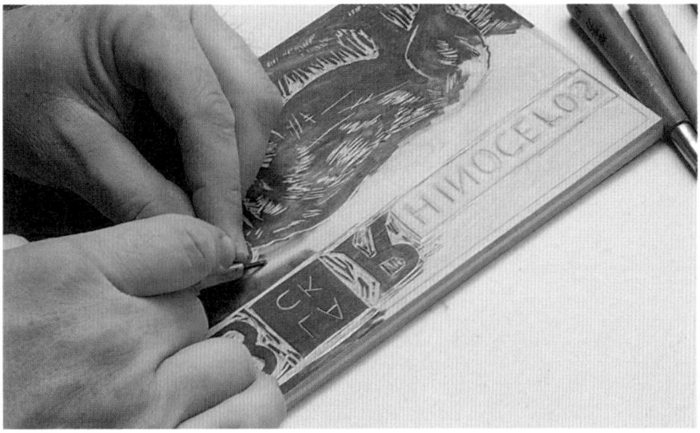

10 나무가 리놀륨보다 딱딱하기 때문에 더 섬세하고 정밀하게 표현할 수 있다.

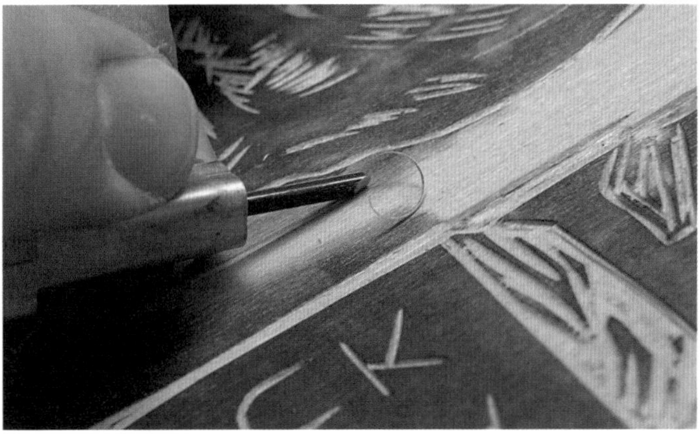

11 나무를 조각할 때 초보자들이 쉽게 저지르는 실수는 너무 깊게 파거나 너무 빨리 하려고 하는 것이다. 힘을 일정하게 주며 파야 한다.

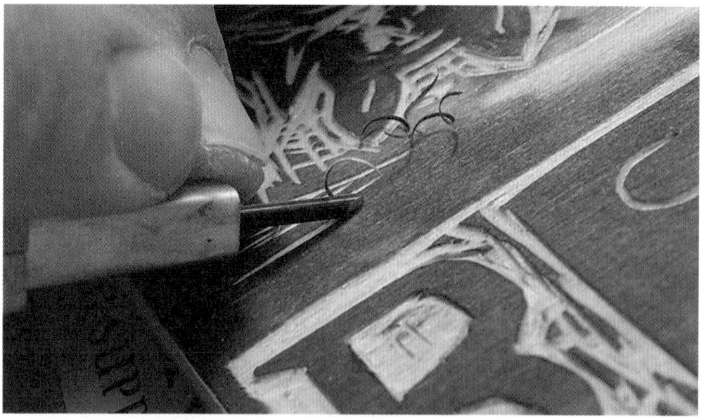

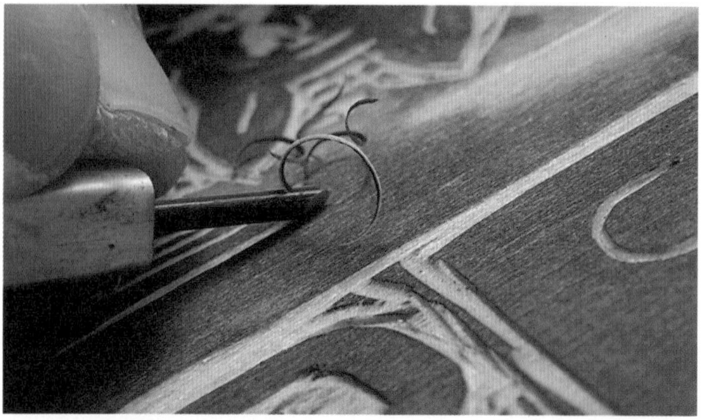

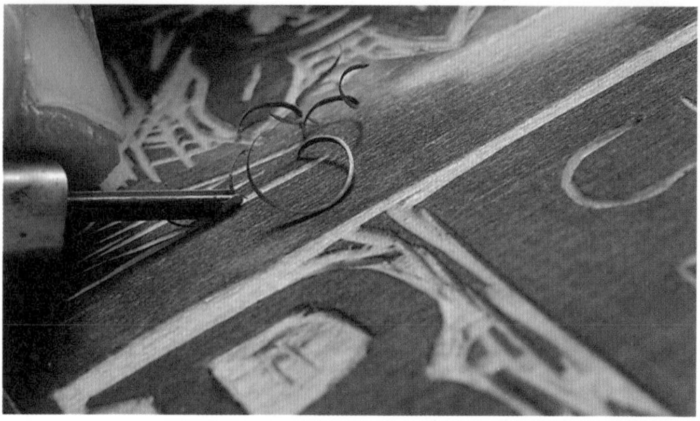

튜브 타입의 나무용 수성 잉크*는 다른 잉크보다 점성이 낮다. 작업하는 동안 이미 조각한 부분을 살펴보는 데 도움이 된다.

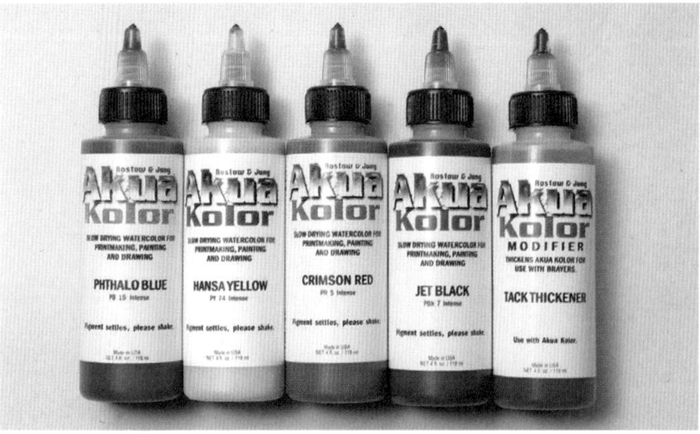

12 키친타월이나 헝겊에 잉크를 몇 방울 떨어뜨린다.

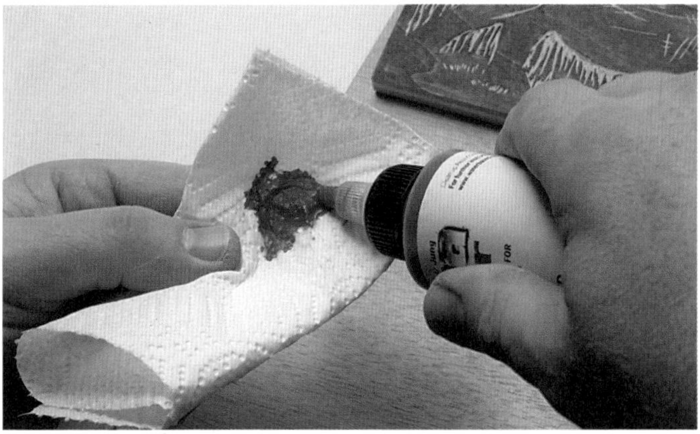

* 서예에서 흔히 사용하는 먹물로 대체하여 사용해도 된다.

13 나무판의 표면을 닦으면 파내지 않고 남아 있는 부분이 염색된다. 조각을 다시 시작하기 전에는 나무판을 말려야 한다. 절대 젖은 나무판을 조각하지 말 것.

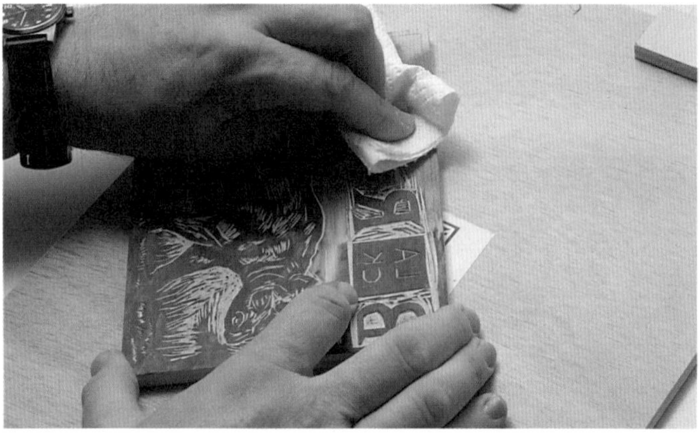

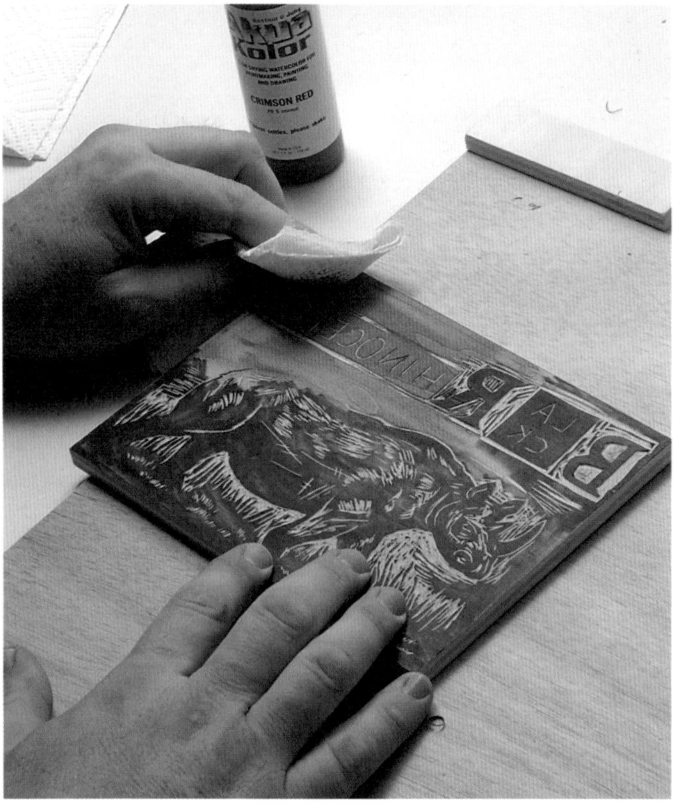

14 대형 U자형 끌로는 비교적 두꺼운 선을 조각한다.

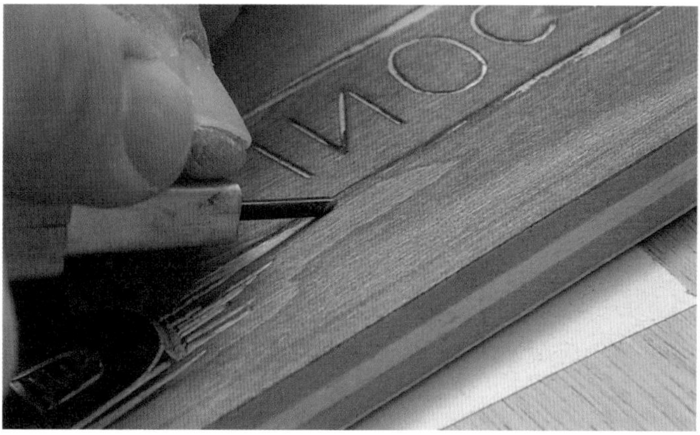

15 대형 U자형 끌은 넓은 면적을 조각하는 데 유용하면서도 가느다란 선을 새겨 인쇄물에 질감을 살릴 수 있다.

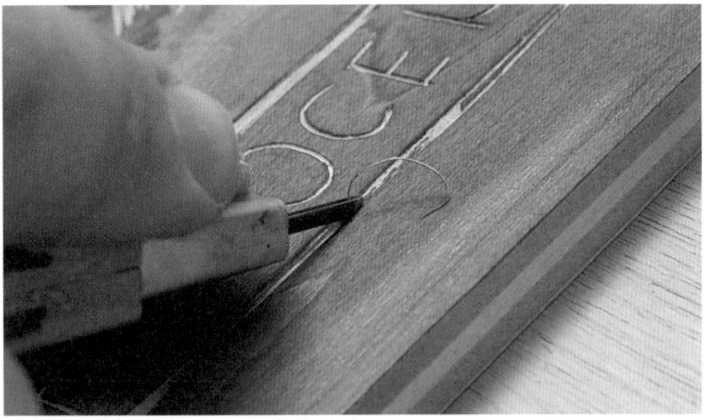

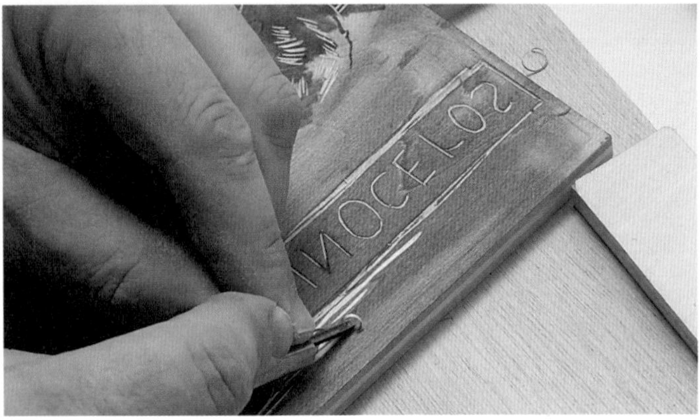

작고 정밀한 조각으로 섬세한 이미지를 만들 수 있다.

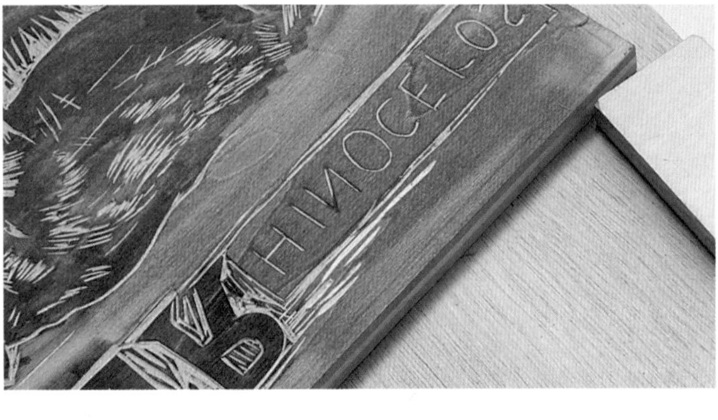

인쇄하기

1 조각판과 지그의 높이를 맞추기 위해, 합판 위에 판지를 받쳐 높이를 조절한다. 그러면 인쇄하기가 더 쉽다. 인쇄 도중 미끄러지지 않도록 판지를 테이프로 붙인다.

판지

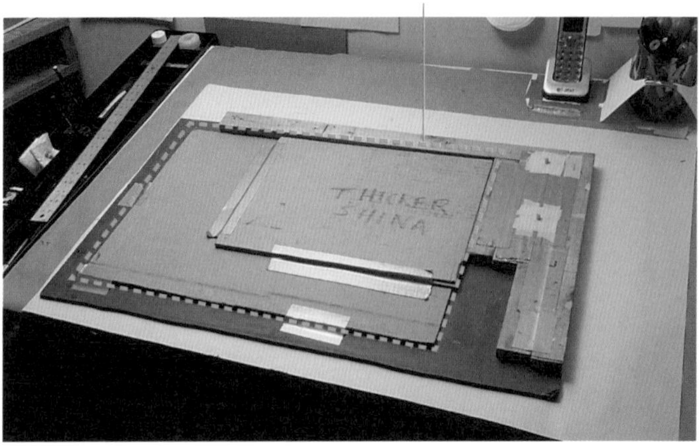

2 얇은 용지를 이용하거나 소량만 인쇄할 때에는 압정으로 용지에 구멍을 뚫어 표시하고, 구멍을 기준으로 고정시키면 효과적이다.

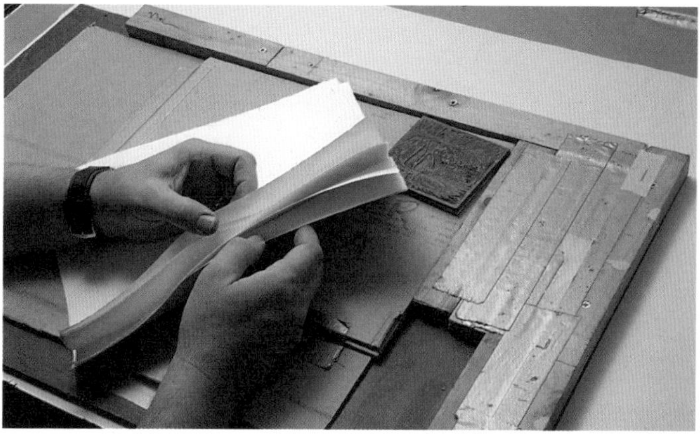

3 동일한 크기로 찢은 용지를 가지런히 정리한다.

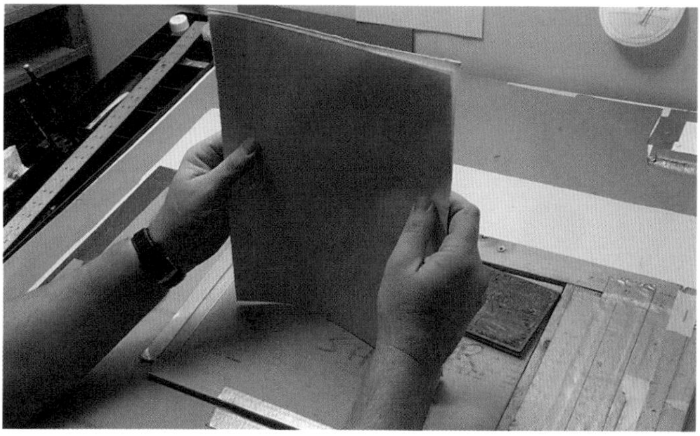

4 조각판을 지그에 넣고 종이의 위쪽을 지그의 윗면에 맞춰 놓는다.

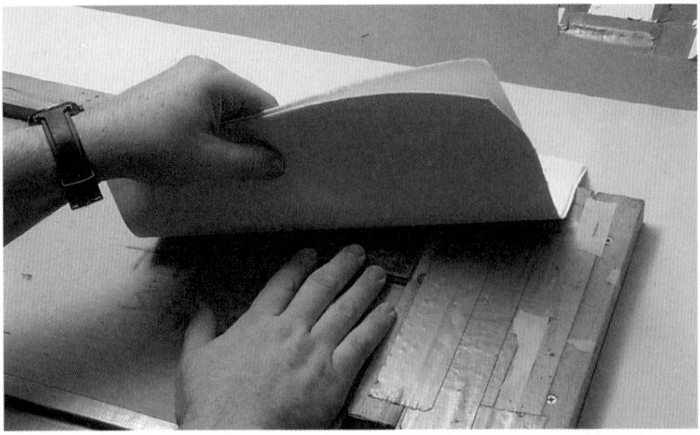

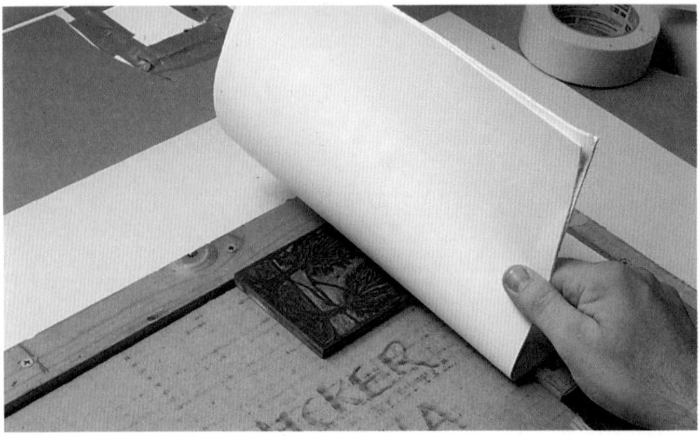

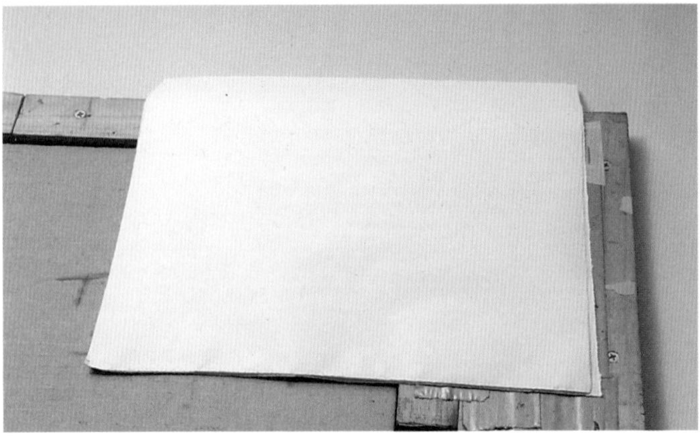

5 종이 더미 한쪽을 들어 올리고 종이 위치에 맞춰 마스킹 테이프를 붙인다.

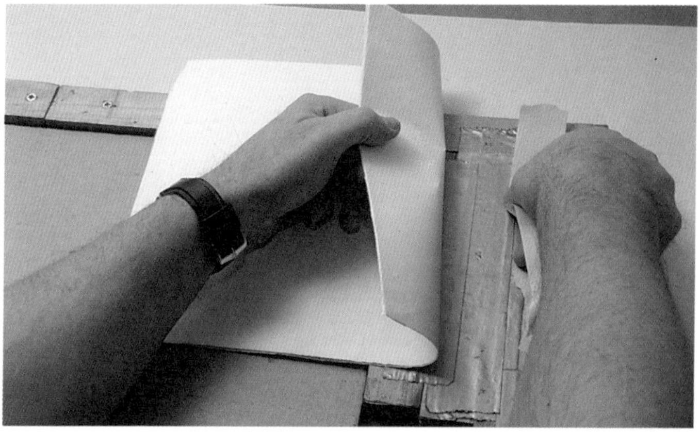

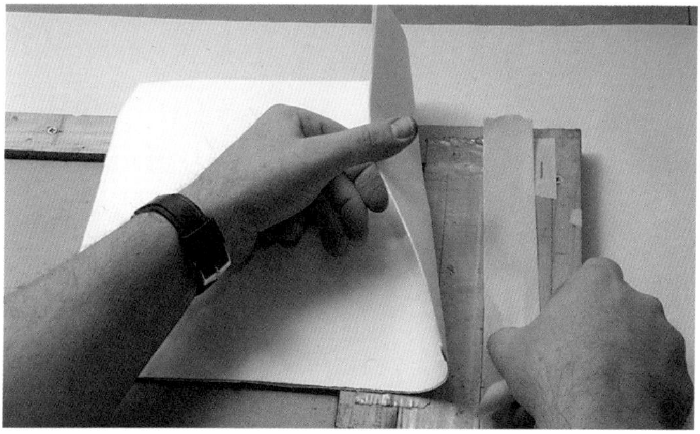

6 종이의 가장자리를 테이프에 맞춰야 한다.

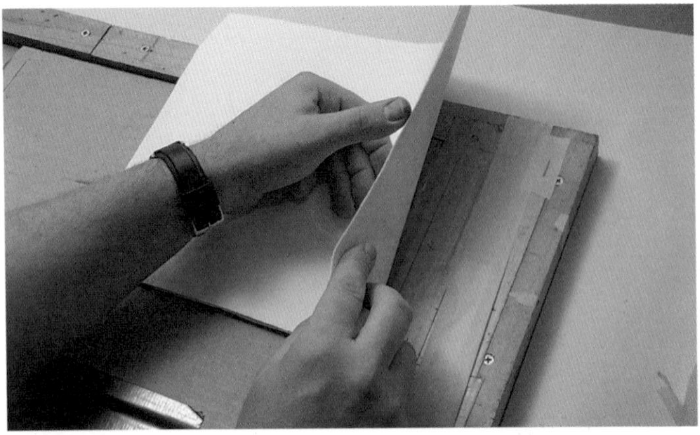

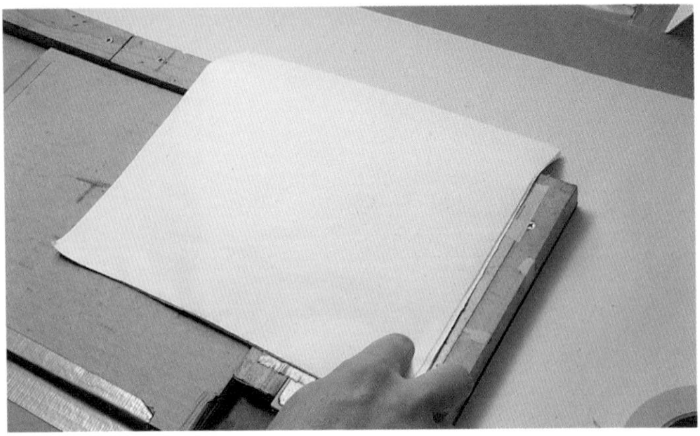

7 종이 더미를 압정으로 고정시킨다. 압정이 종이와 마스킹 테이프를 뚫을 수 있게 꾹 누른다.

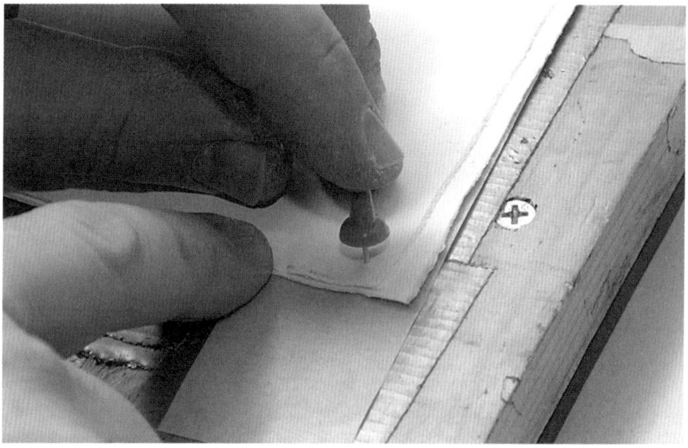

8 압정 두 개로 종이를 단단히 고정한다.

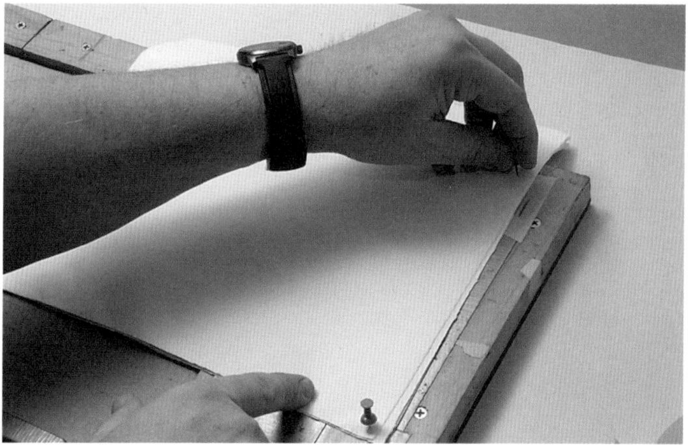

9 압정과 종이를 제거한다.

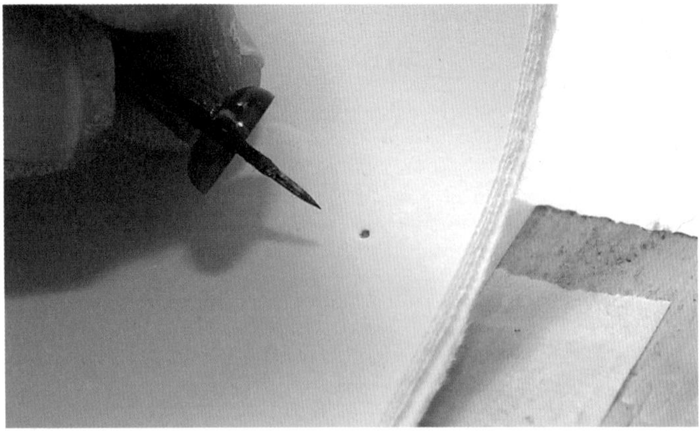

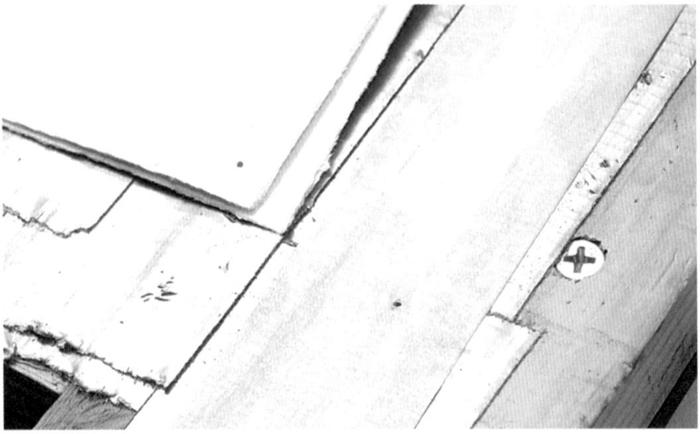

10 압정으로 뚫어 놓은 곳이 잘 보이도록 구멍 주위에 펜으로 동그라미 표시를 한다. 인쇄 준비가 끝나면 종이와 지그에 뚫린 구멍을 잘 맞춰 정렬한다.

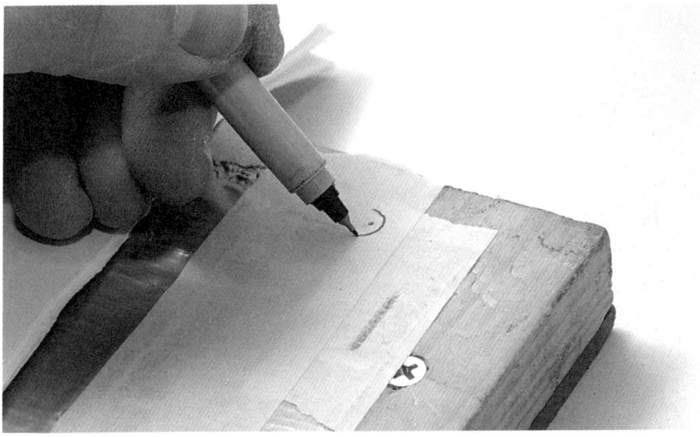

11 종이 한 장을 판 위에 놓는다.

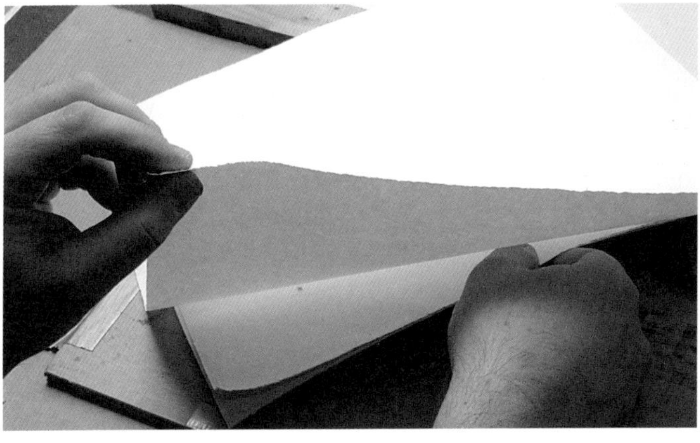

12 아까 뚫은 구멍에 맞춰 용지를 지그에 놓는다.

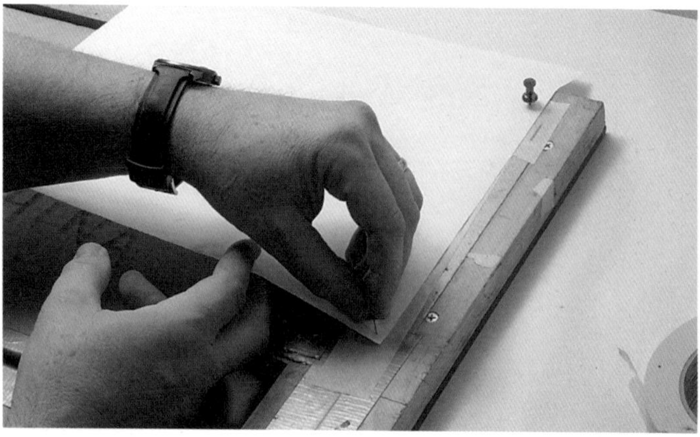

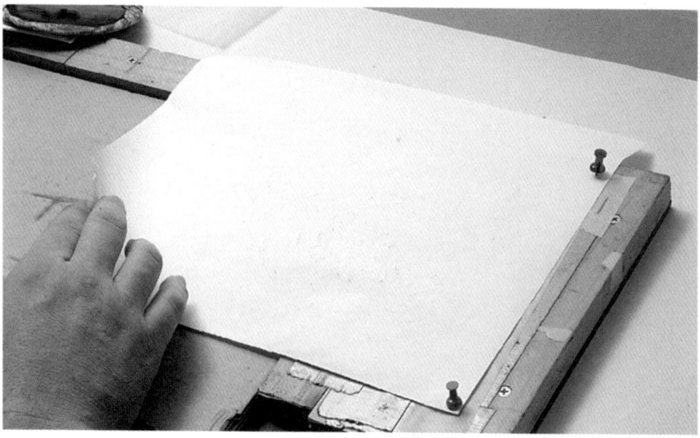

13 그런 다음 용지를 들어 올려 조각판을 꺼낸다.

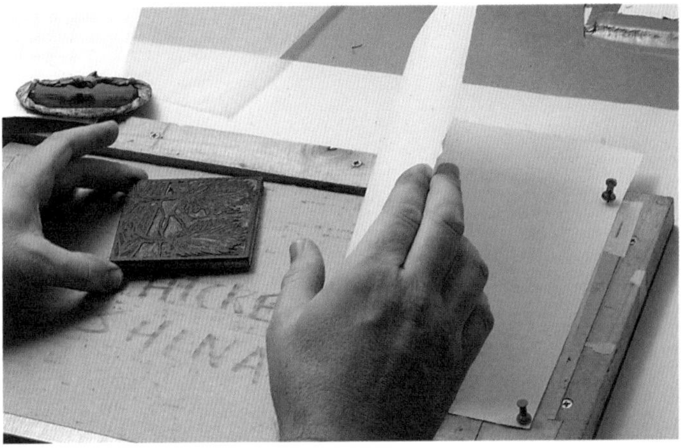

14 리놀륨판화를 찍을 때처럼 조각판에 잉크를 칠한 다음 지그에 맞춰 놓는다. 이때 종이에 잉크가 묻지 않게 조심한다.

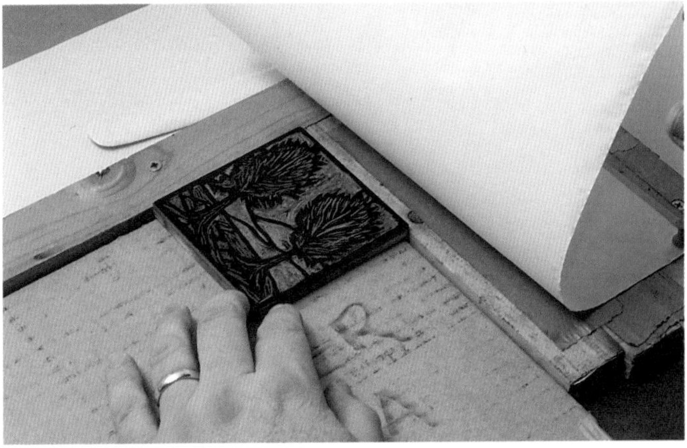

이 인쇄법은 작은 판화와 소량 인쇄에 적합하다.

15 조각판 위에 종이를 살짝 올려놓는다.

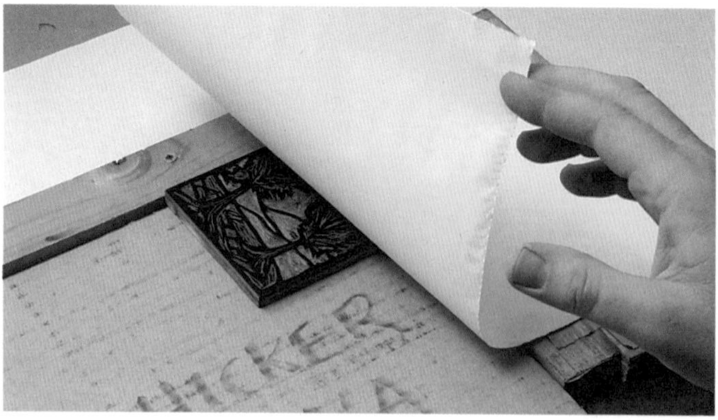

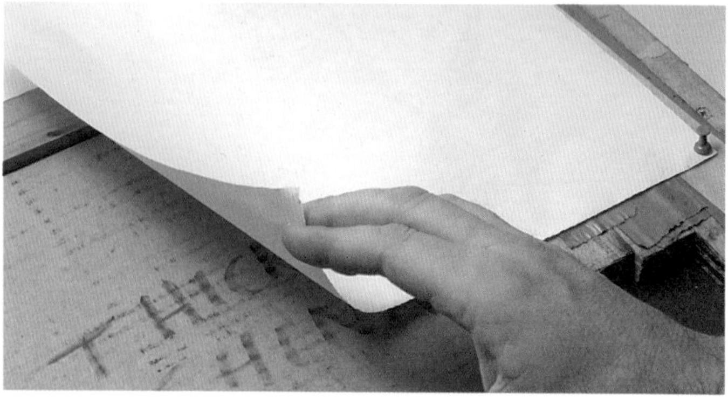

사진의 대나무 문지르개*는 잉크를 종이에 고르게 인쇄하는 데 유용하다.

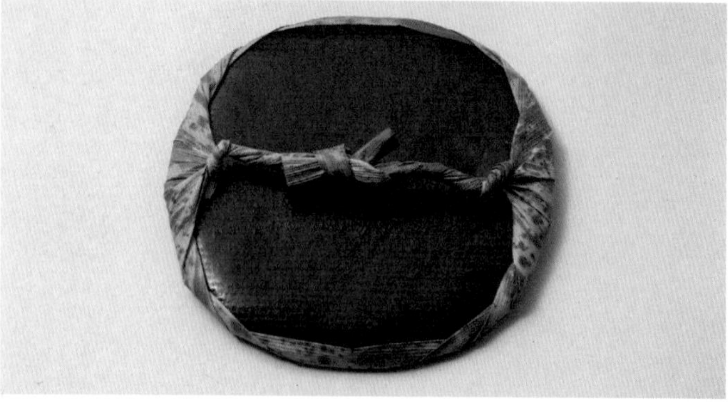

* 이 도구는 구입하기 어려울 수 있으니, 93쪽에 소개된 다른 도구를 써 보자.

16 사진과 같이 문지르개를 잡는다. 손가락을 동그랗게 말아 손잡이를 쥐고 엄지를 꼭 붙인다. 이렇게 잡으면 손과 어깨의 무게를 문지르개에 실을 수 있다.

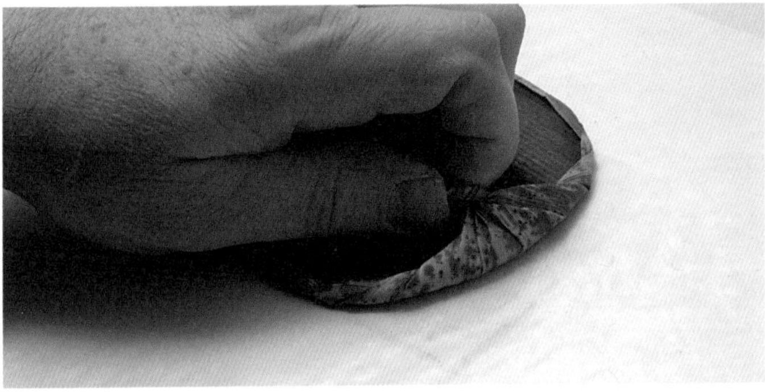

엄지와 검지로 손잡이를 잡지 말 것.

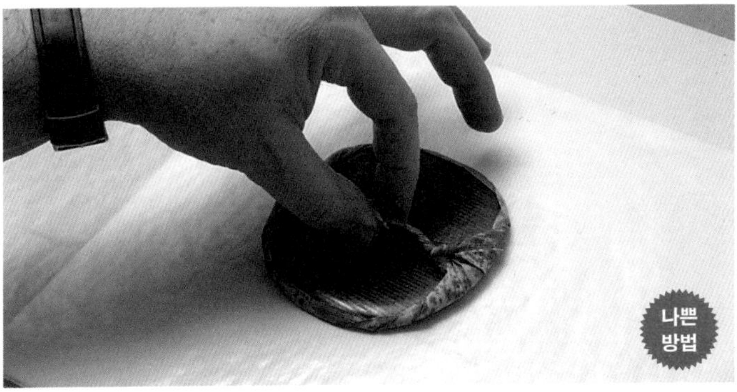

문지르개를 손바닥으로 내려치지 말 것.

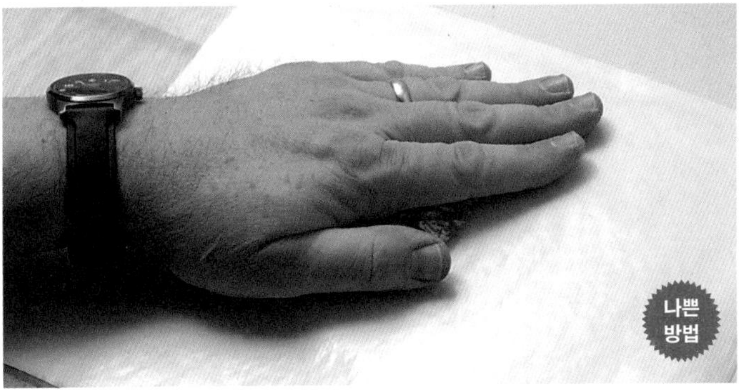

17 문지르개를 쓸 때, 특히 종이가 얇은 경우에는 셀로판지를 종이 위에 올려놓는 것이 가장 좋다. 셀로판지는 마찰의 무게를 고르게 분산시키고, 문지르개를 건조하게 유지시켜 주며 종이가 찢어지거나 거칠어지는 것을 방지한다.

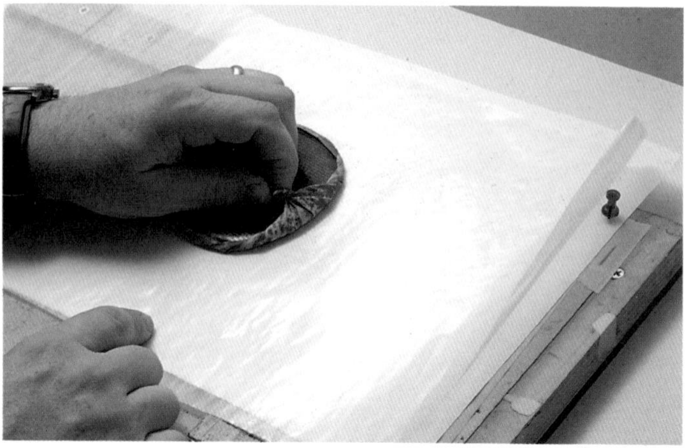

18 문지르개로 표면을 문질러 잉크를 옮긴다. 문지르개는 방향을 자주 바꾸며 부드럽고 둥그렇게 움직이는 것이 좋다.

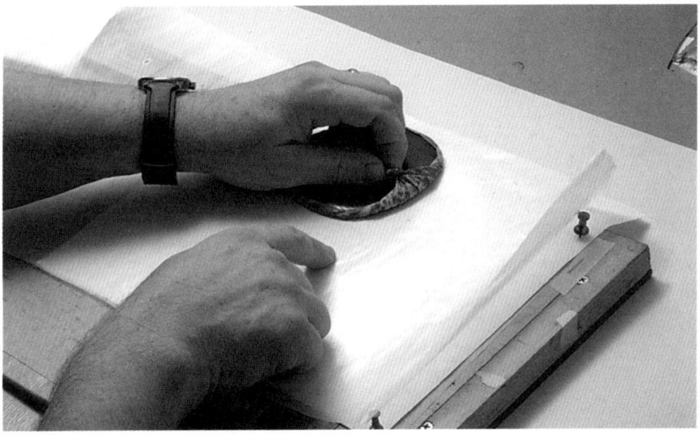

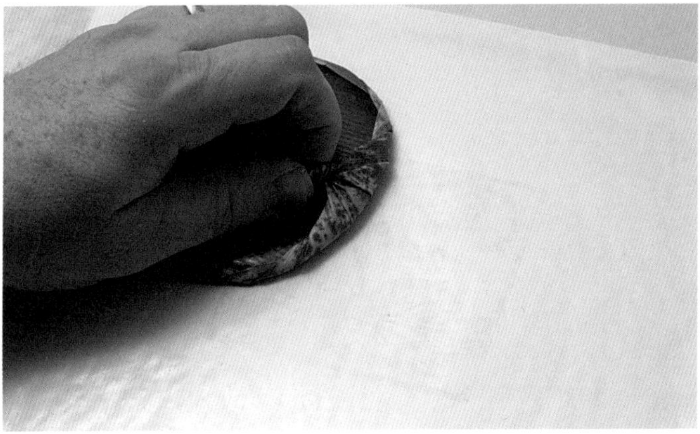

19 작업이 끝나면 전체가 잘 인쇄되었는지 확인할 차례다. 셀로판지를 치운다.

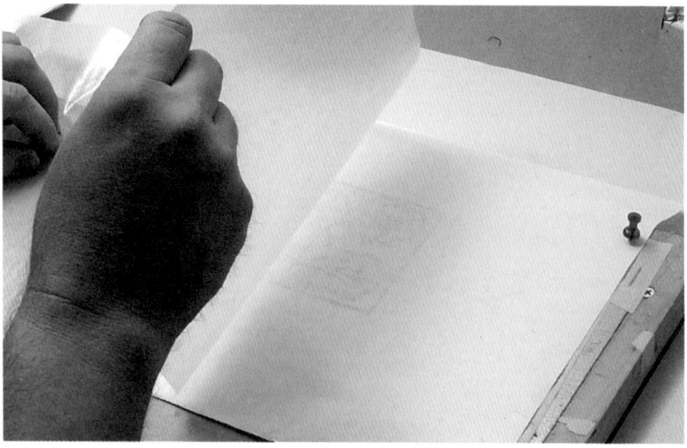

20 인쇄물을 천천히 떼어 낸다.

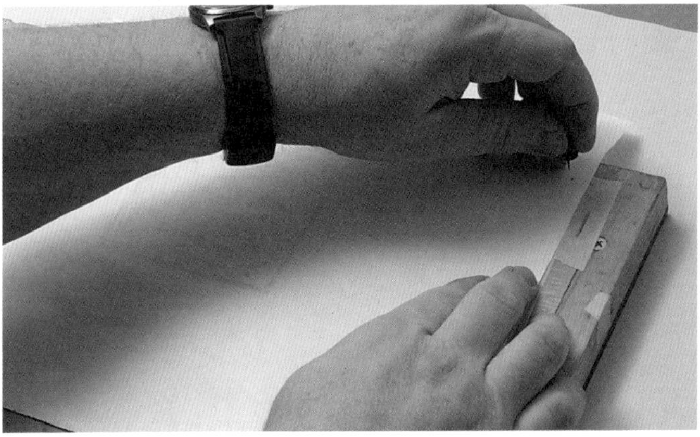

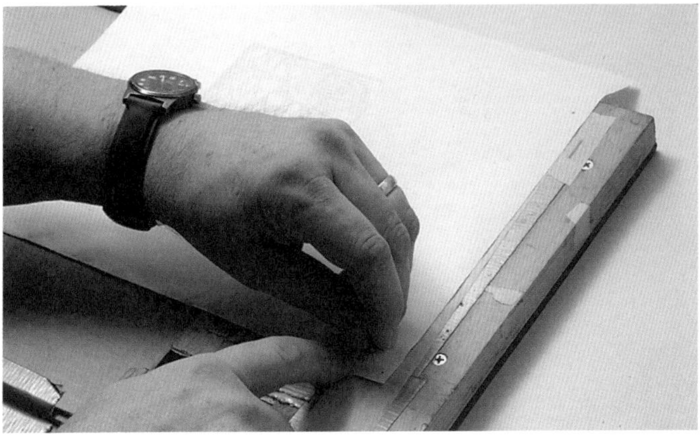

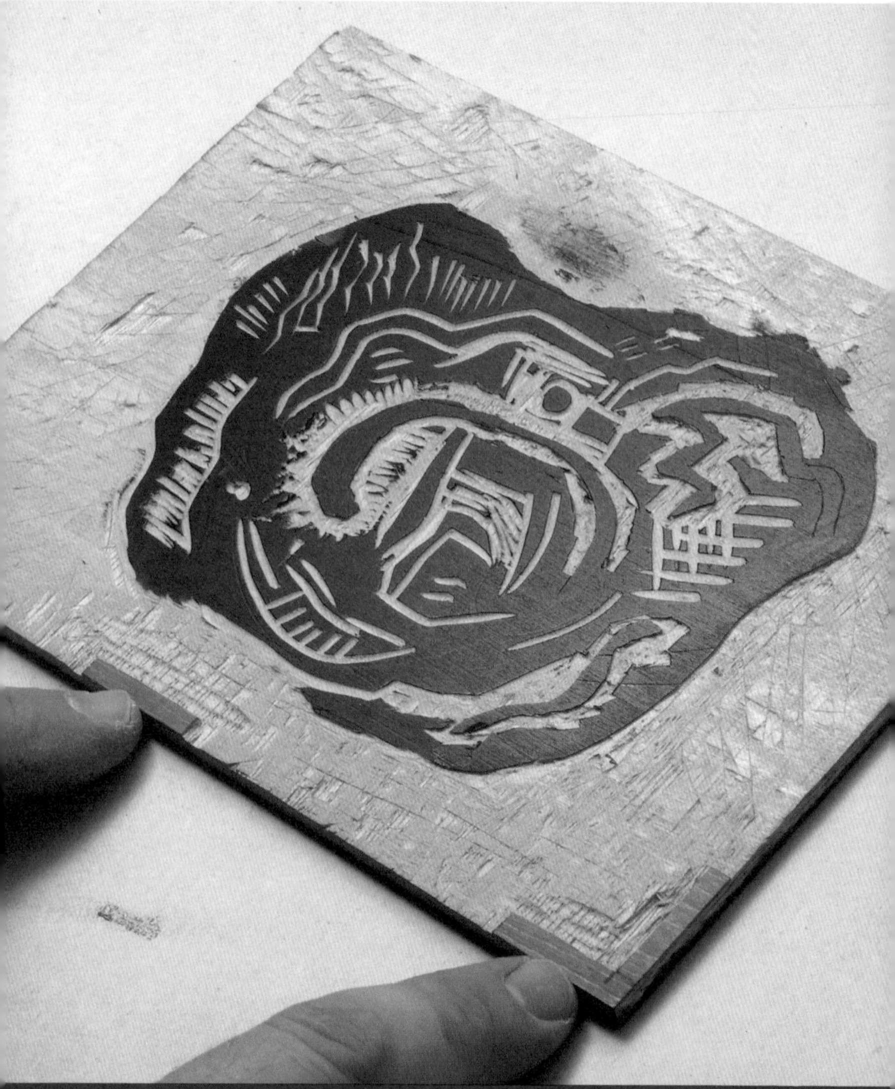

인쇄의 위치를 정하는 다른 방법으로, 판을 조각할 때 오른쪽과 가운데 가장자리 부분을 파내지 않고 남겨 두는 방법이 있다.

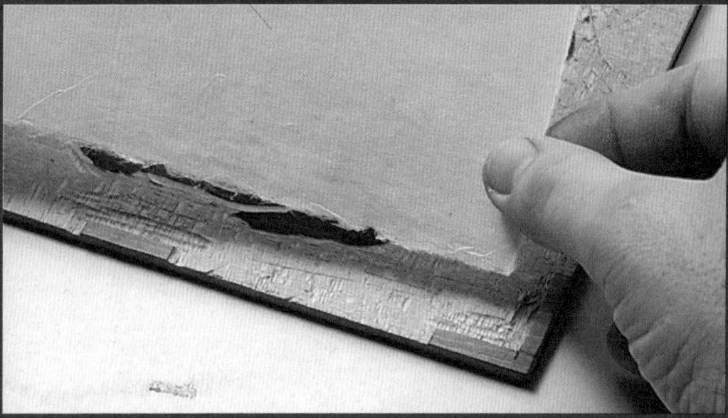

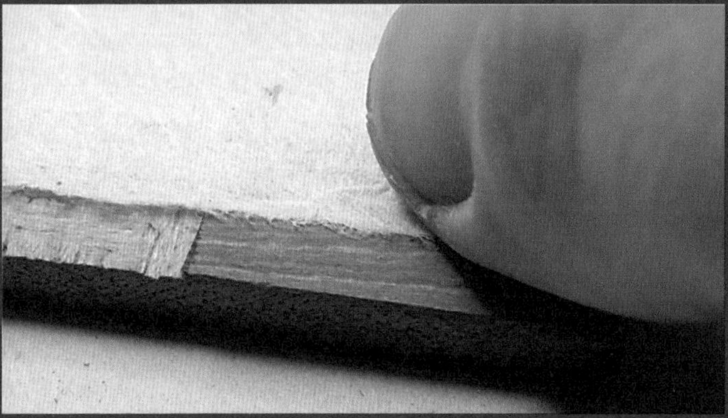

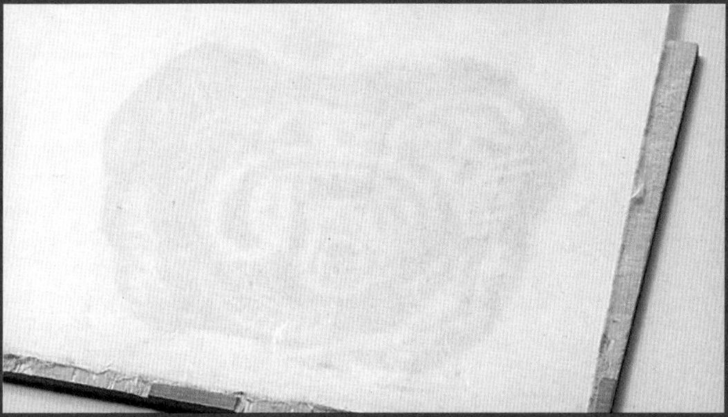

인쇄할 종이의 모서리를 판의 파내지 않은 가장자리에 맞춘다. 오른쪽과 가운데 가장자리에 모두 정확히 맞춘다.

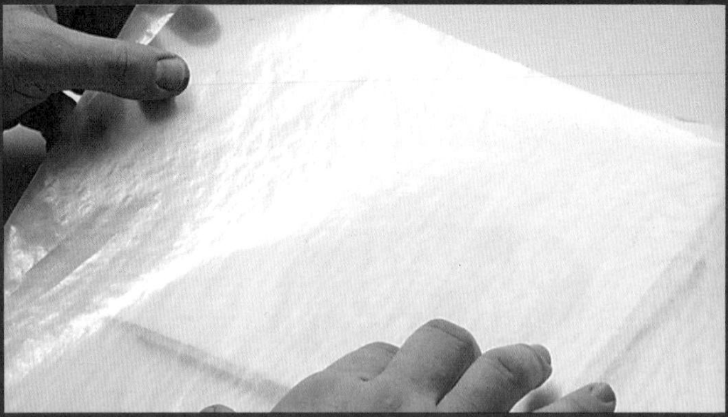

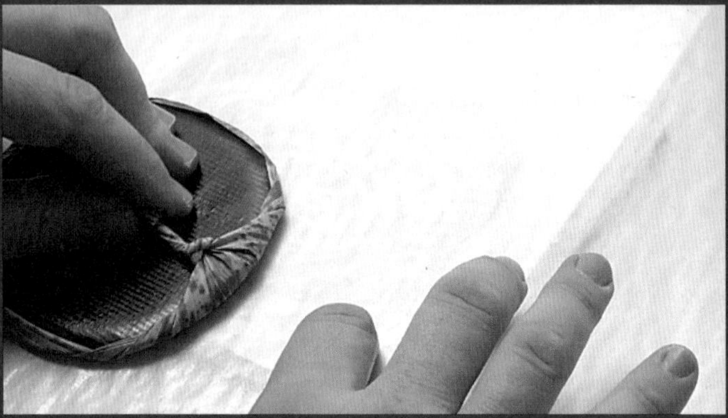

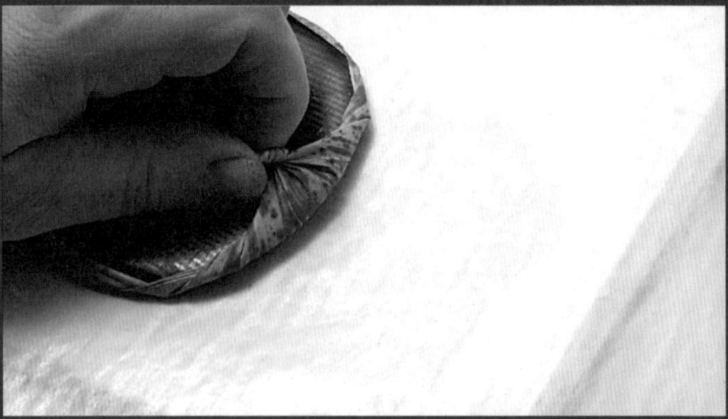

종이 위에 셀로판지를 얹고 문지르개로 문지른다.
이렇게 종이를 이 표시에 맞추어 인쇄하면, 똑같은 크기의 종이인 경우 모두 동일한 위치에 인쇄할 수 있다.

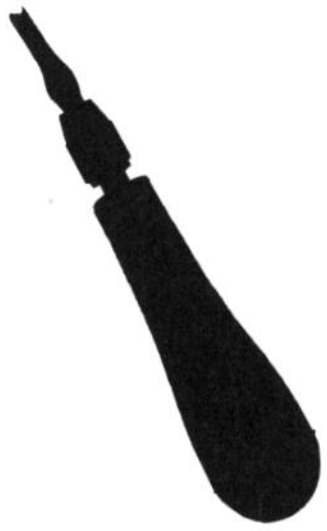

이야기가 있는 갤러리

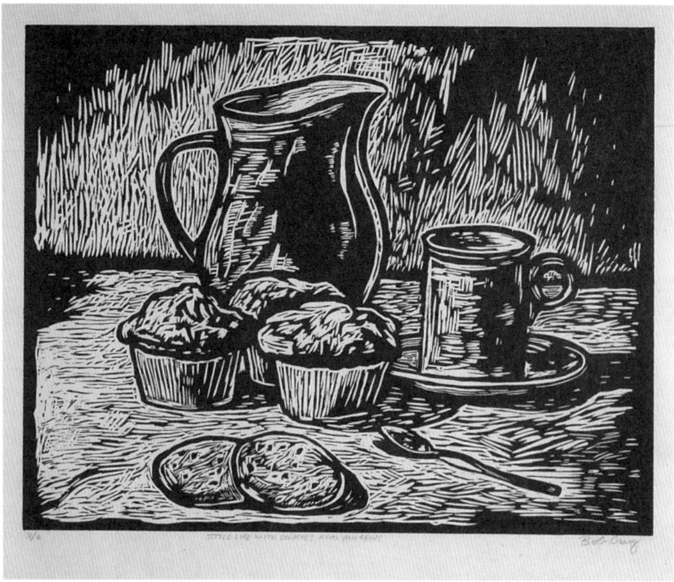

「쿠키와 머핀이 있는 정물Still Life with Cookies and Muffins」 목판화

풍부한 질감 표현이 생기를 주어 그림에 재미와 표현력을 더했다.

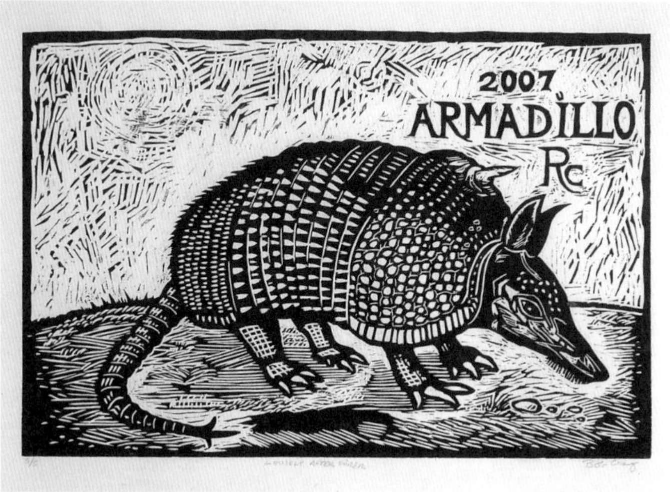

「뒤러를 따라서Loosely After Dürer」 목판화

알브레히트 뒤러**Albrecht Dürer**와 뒤러의 작품 「코뿔소**Rhinoceros**」에 대한 오마주다. 북아메리카의 동물을 조각했다. 뒤러가 코뿔소에 뿔을 하나 추가한 것처럼 이 작품에도 뿔을 하나 더했다. 흑백 인쇄, 포지티브와 네거티브 영역을 잘 보여 주는 훌륭한 예시다. **U**자와 **V**자형 끌과 조각도를 사용했다.

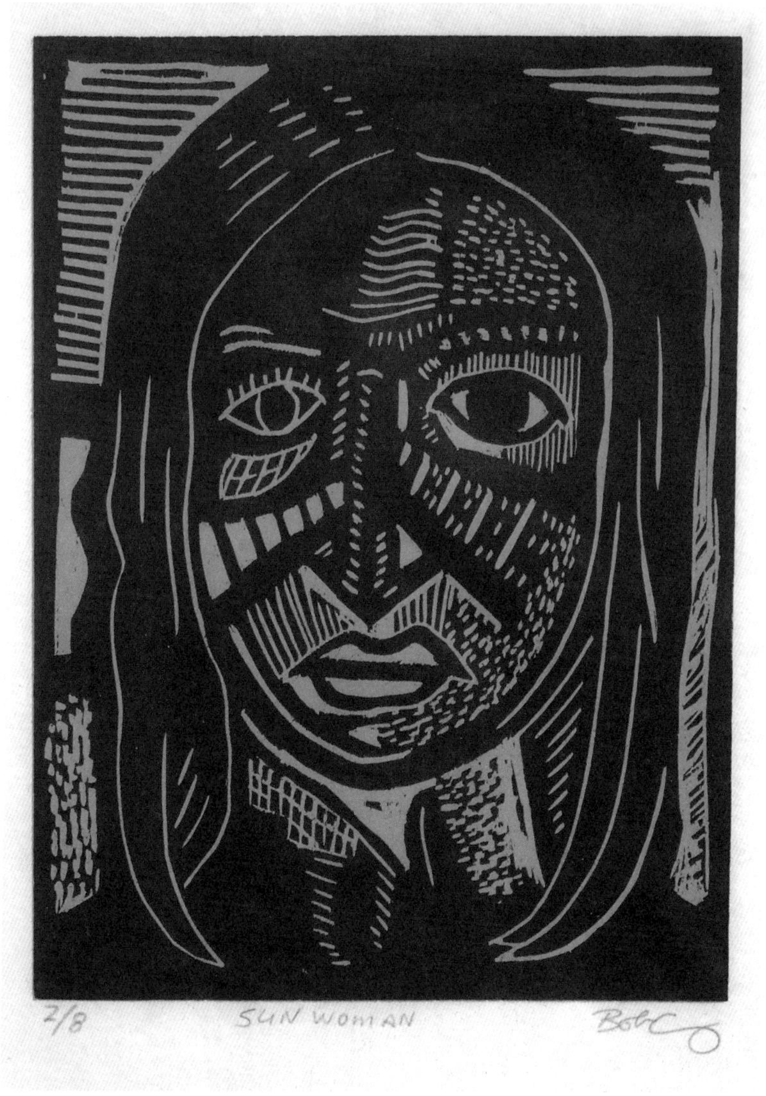

「태양의 여인Sun Woman」 목판화

2색 판화로 흰 종이에 검정색과 붉은색 잉크로 재미있는 대조를 더했다.

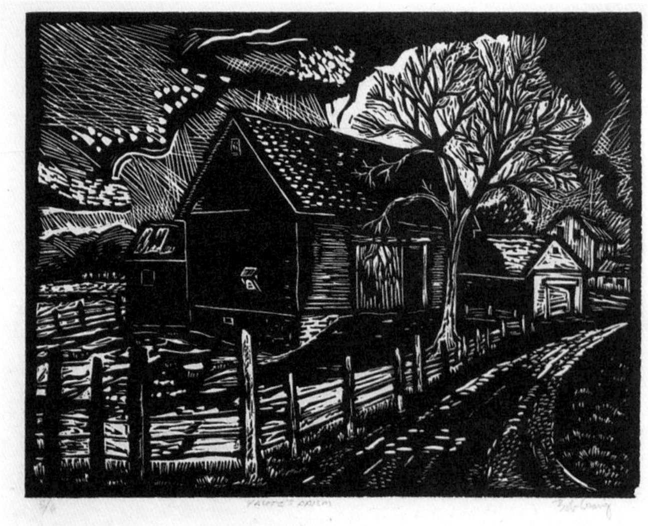

「위아우츠 농장Yautz's Farm」 리놀륨판화

프리츠 아이헨베르크**Fritz Eichenberg**의 작품에 영향을 받아 어둡고 음울하다. 익숙한 풍경에 신비롭고 추상적인 느낌을 주었다.

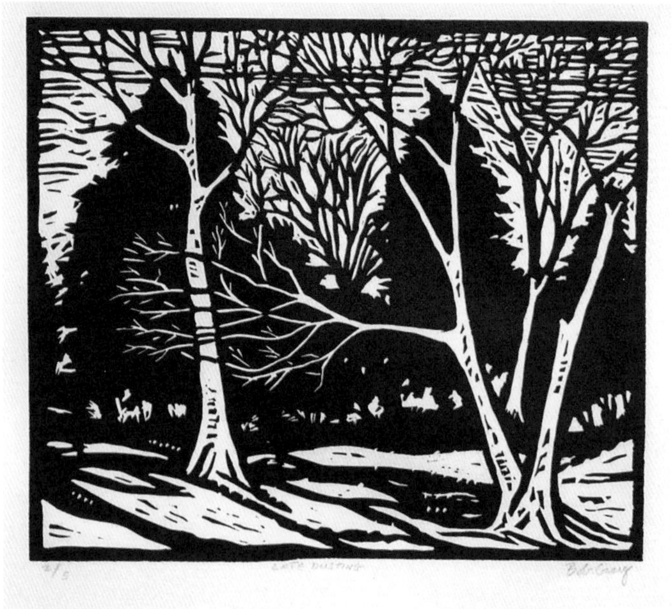

「3월의 눈Late Dusting」 리놀륨판화

3월의 눈 온 뒤 작은 공원의 모습이다. 강한 선과 대비가 이 그림을 회화적으로 만들었다. 이 그림은 스케치와 최종 인쇄물이 매우 흡사하다.

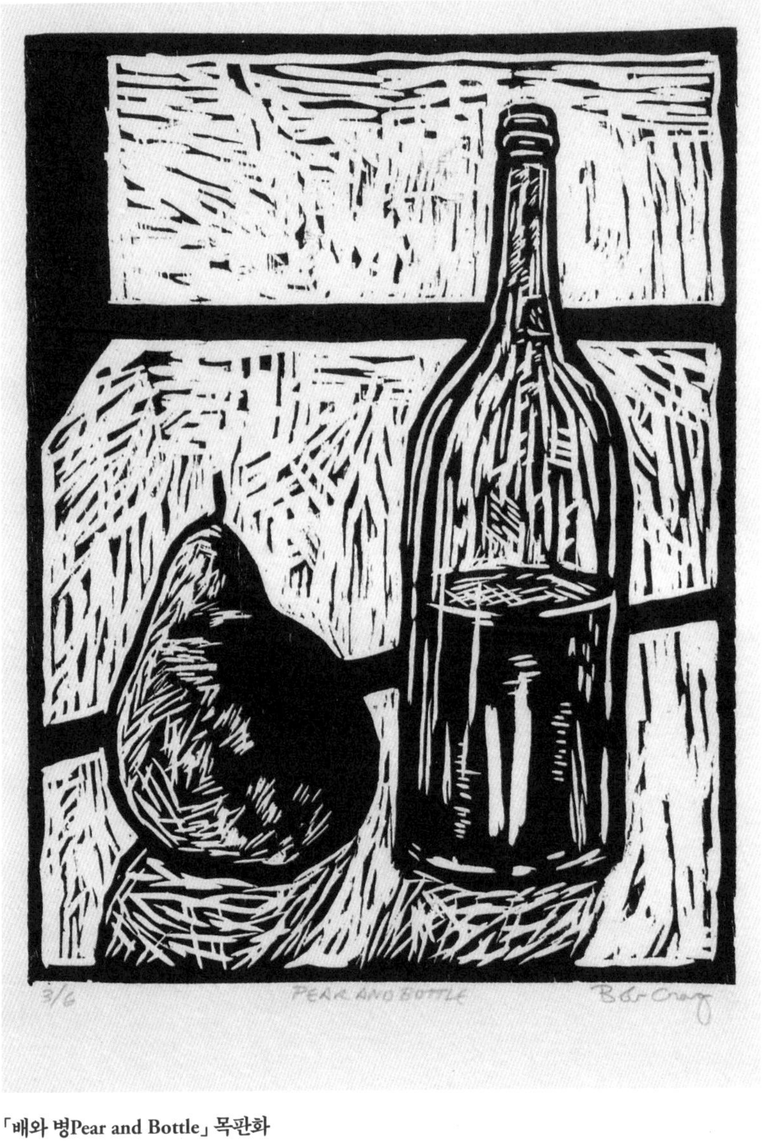

「배와 병Pear and Bottle」 목판화

두 정물이 작품을 가득 채운 정물화이다. 심심한 느낌을 주지 않기 위해 피사체가 서로 반대 방향으로 약간 기울어져 있다. 나왕나무에 조각했다.

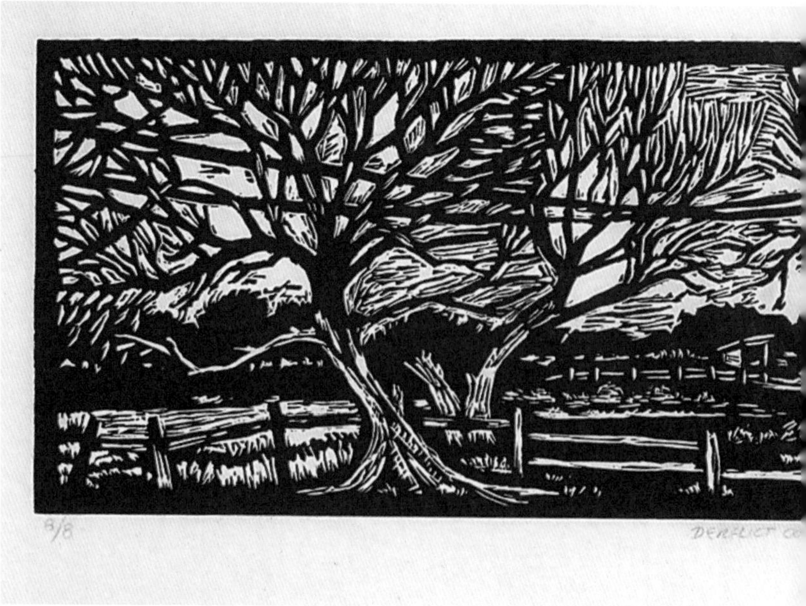

「버려진 목장Derelict Corral」 리놀륨판화

울타리, 나무, 전선과 같은 사물들을 겹쳐 놓음으로써 밀도와 질감을 강조했다. 시선이 땅과 하늘에 고르게 분산된다. 골드컷 리놀륨판에 조각했다.

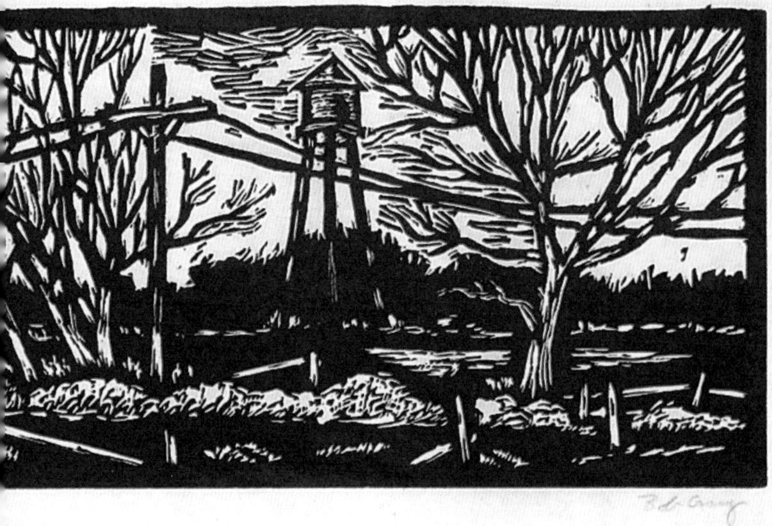

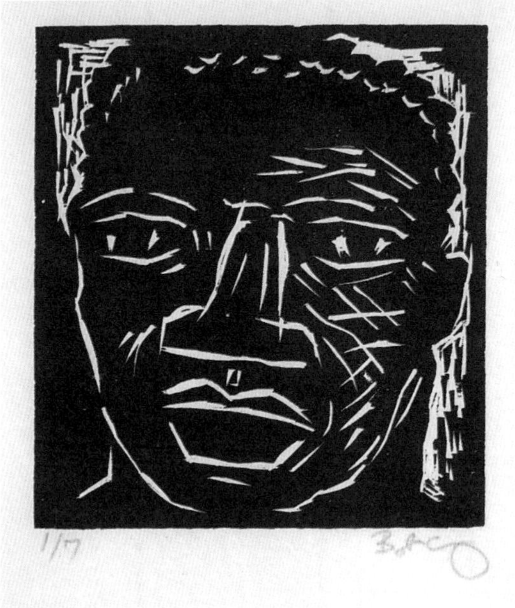

「무제Untitled」 목판화

윤곽선 표현을 위해 작은 U자형 끌을 연필처럼 사용했다.

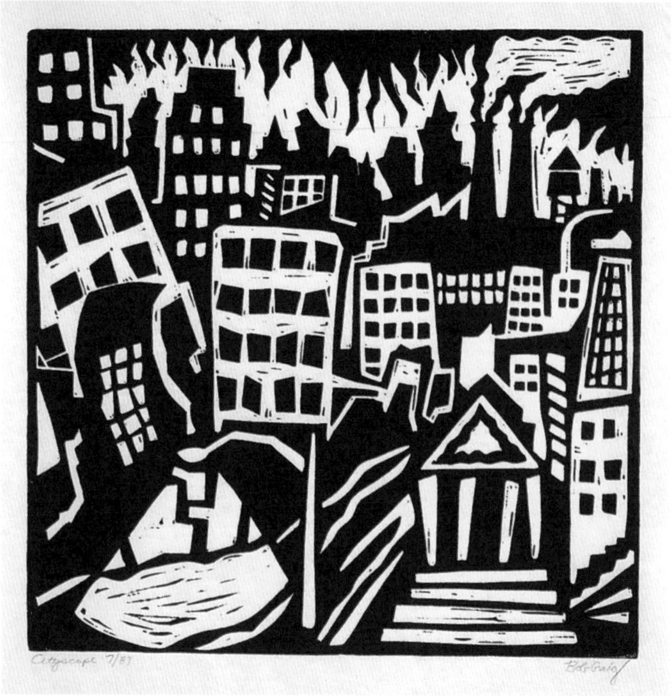

「도시 풍경Cityscape」 리놀륨판화

강한 선과 대조를 이용했다. 기존 작품이나 실제 풍경을 참고하지 않은 순수 창작 작품이다. 회색 리놀륨판에 조각했다.

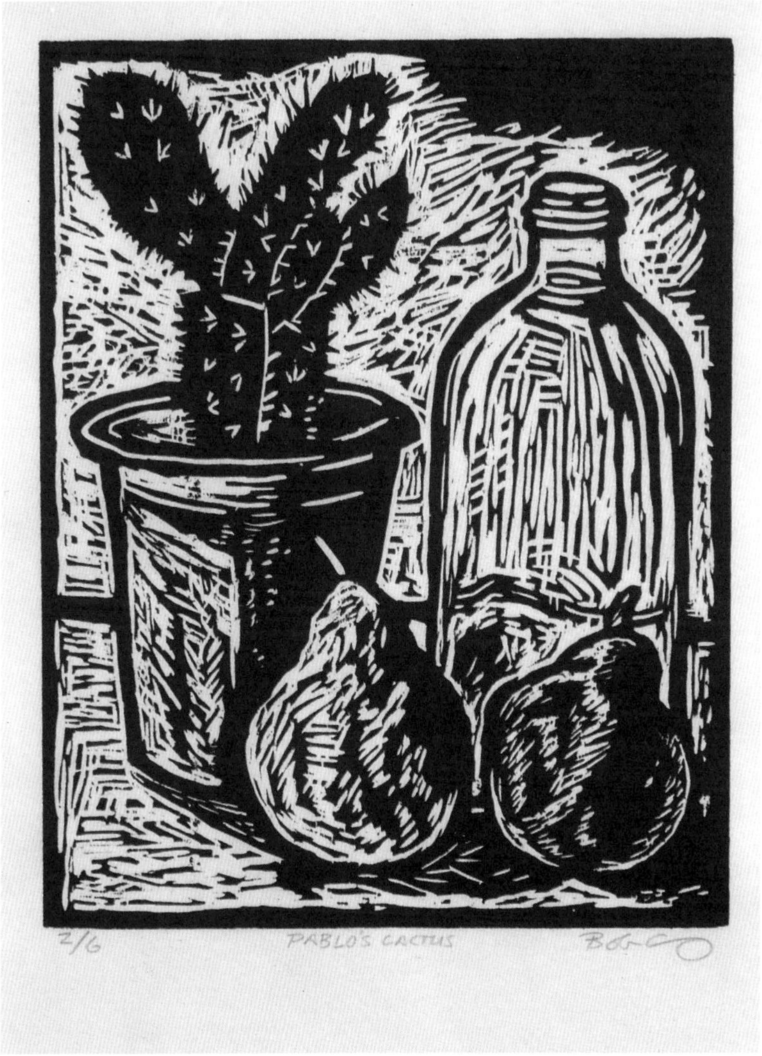

「파블로의 선인장Pablo's Cactus」 목판화

다양한 사물과 질감으로 꽉 채운 정물화이다. 정물화는 여러 사물을 모아 또 하나의 새로운 정물을 만든다는 개념이기도 하다.

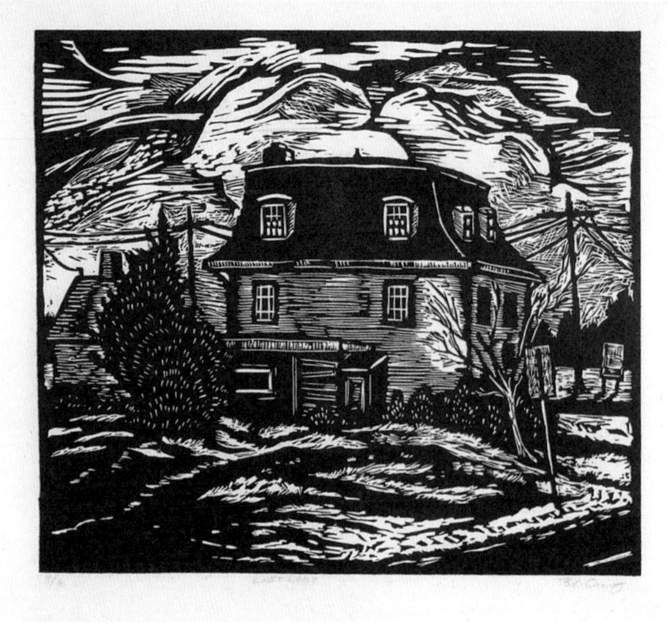

「쓰러져 가는Last Legs」 리놀륨판화

판 전체를 활용한 좋은 예시이다. 풍경의 모든 요소에 균등한 초점이 실리며 생동감이 느껴진다. 질감이 생생하고 활기가 넘친다.

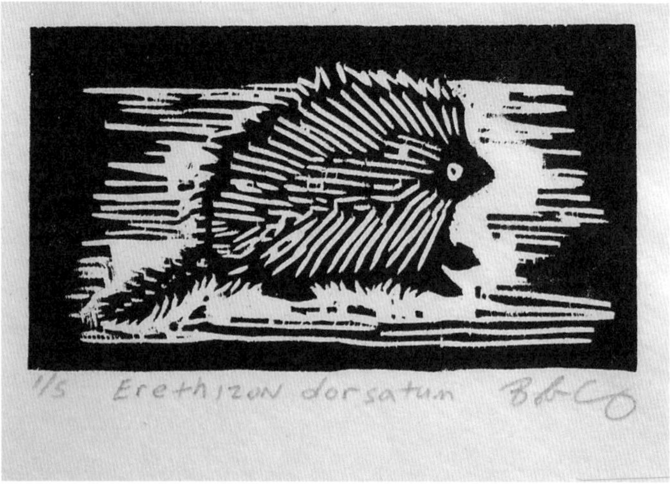

「캐나다 고슴도치Erethizon dorsatum」 목판화

단순한 작품이지만 주제 표현이 독특하다.

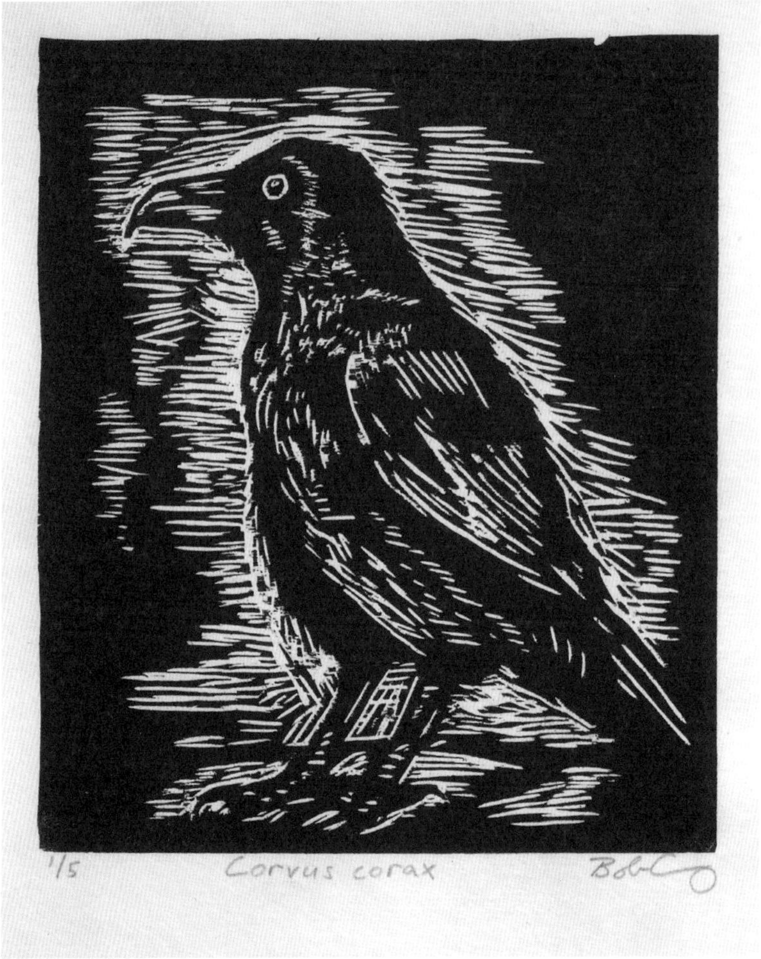

「큰까마귀Corvus corax」 목판화

북아메리카 야생 동물 시리즈 중 한 작품이다. 까마귀는 색이 어둡기 때문에 판화로 표현하기 어려울 수 있다. 하얀 선들로 대비를 잘 살렸다.

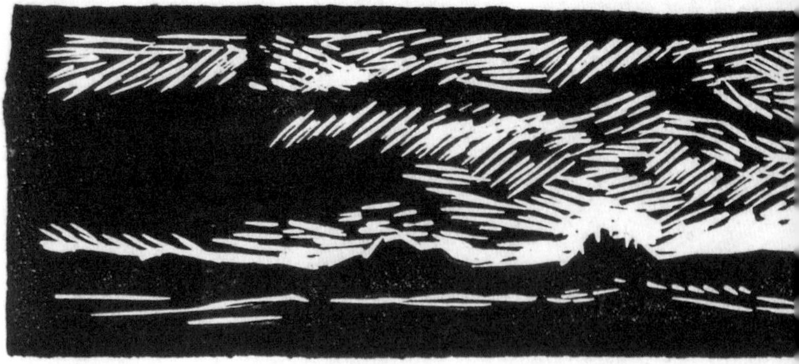

「노스다코타 로즈랜드의 루터 교회Roseland Lutheran Church, North Dakota」

리놀륨판화

노스다코타 풍경의 공허함과 광활함을 전달하고자 했다. 교회는 고독감과 버려진 느낌을 강조하기 위해 맨 오른쪽으로 밀려났다. 어두운 대지는 무게감을 주어 폭풍우 치는 하늘과 함께 작품에 힘을 실어 준다.

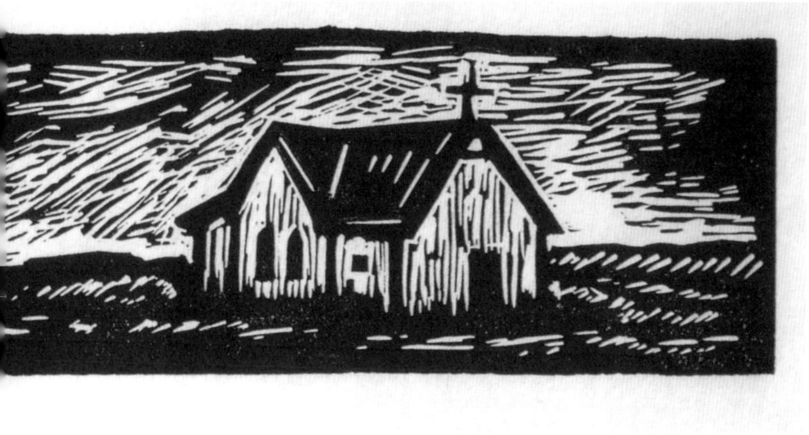

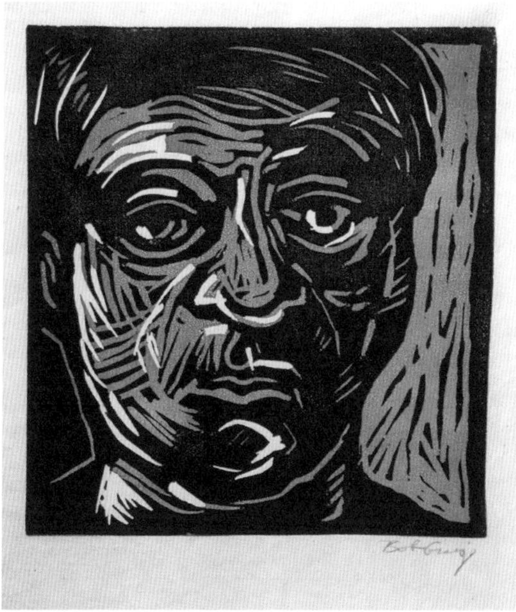

「무제Untitled」 리놀륨판화

하이라이트를 조각한 뒤 녹색으로 찍었다. 그리고 두번째 색으로 인쇄할 영역을 제외하고 모두 파낸 뒤, 검정색으로 찍었다. 단순하고 표현력이 뛰어나며 인상적인 작품이다.

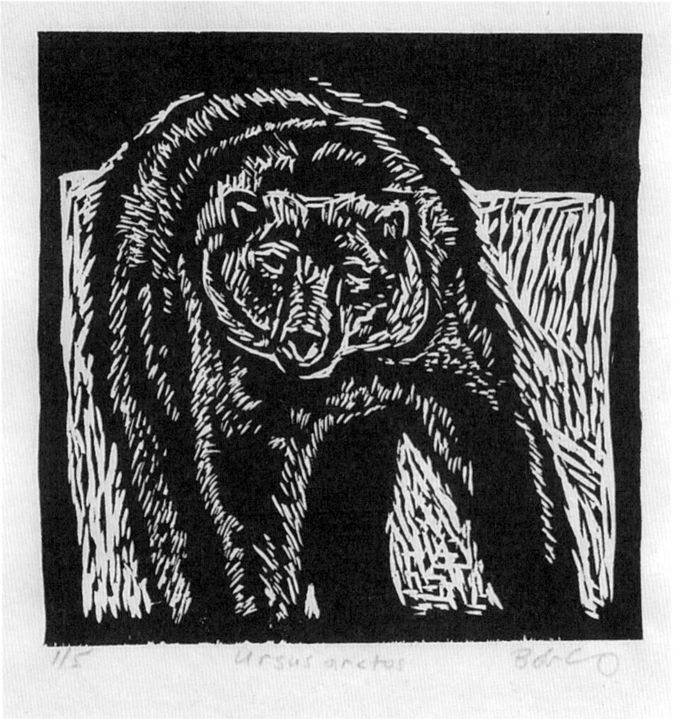

「큰곰Ursus arctus」 목판화

보기에는 간단하지만 난이도가 높은 작품이다. 곰의 엄청난 크기를 표현하기 위한 굵은 선들과 구성력이 돋보인다. 자작나무에 조각했다.

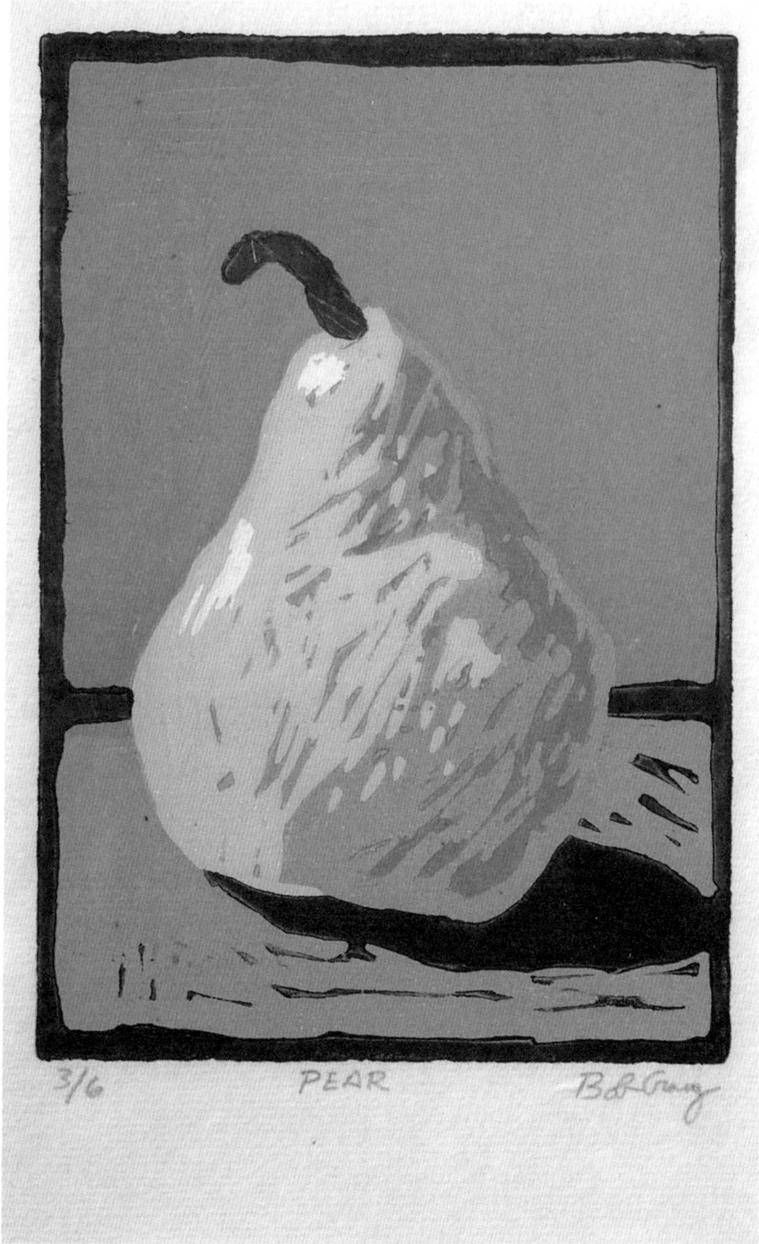

「배Pear」 리놀륨판화

싱싱함과 윤기를 표현하기 위해 수성 잉크를 사용했다. 단순한 색으로 피사체에 에너지를 더했다.

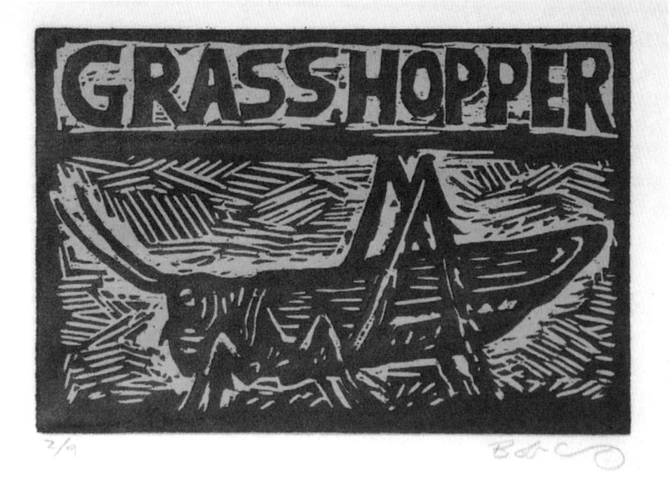

「메뚜기Grasshopper」 목판화

바탕에 녹색을 먼저 깔고, 그 위에 검정색을 찍었다. U자형 끌 하나만 사용해 조각했다.

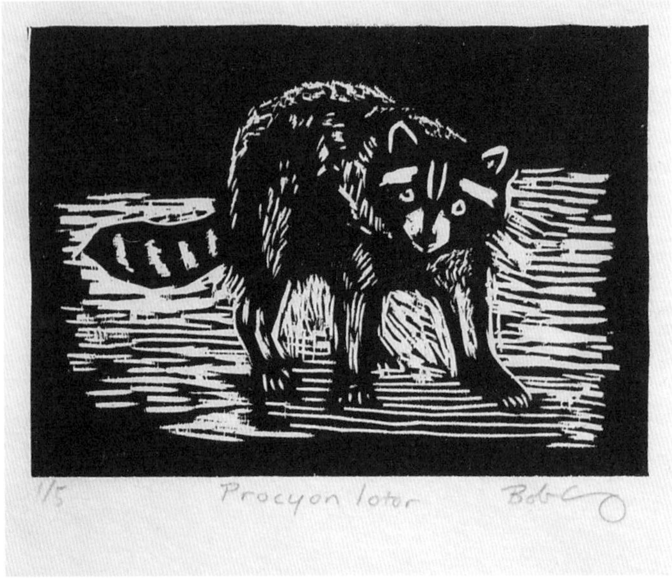

「라쿤Procyon lotor」 목판화

군데군데 넣은 선만으로도 작품 하나가 완성됐다. 얼굴과 꼬리로 동물의 캐릭터를 잘 살렸다.

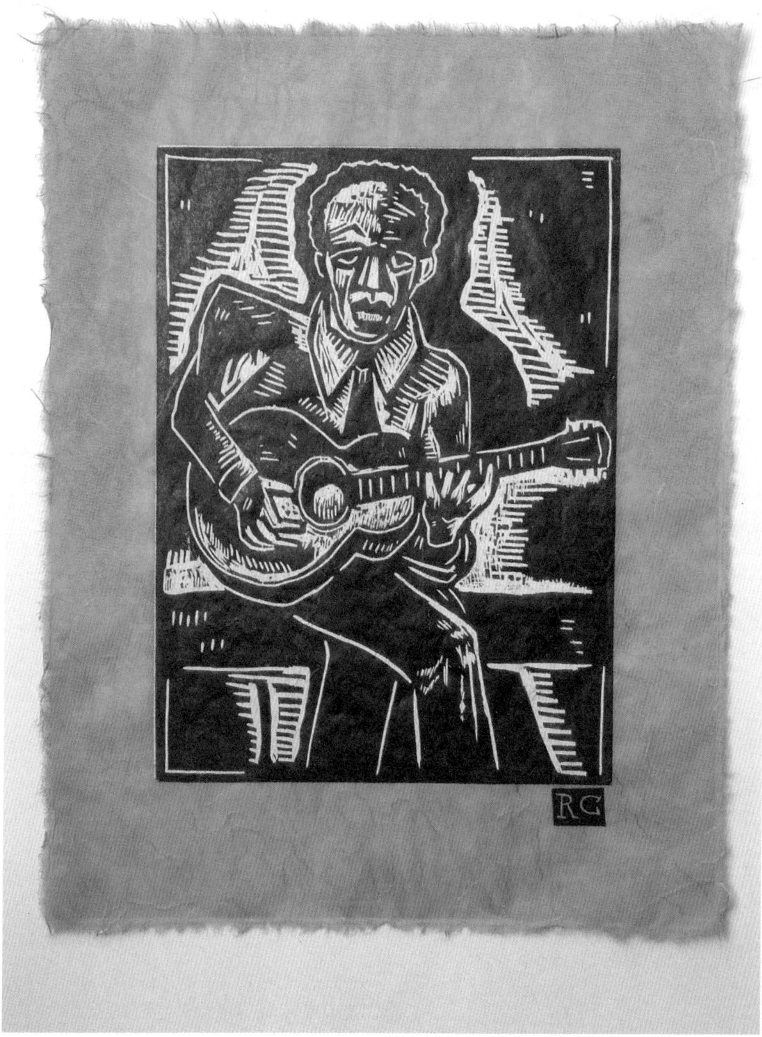

「블루스 맨Blues Man」 목판화

색종이를 사용하면 대조를 구현하기가 어렵다. 흰색 잉크를 먼저 찍은 뒤 검정색을 찍었다. 인쇄 순서, 잉크의 색을 조합해 흥미롭게 표현해 냈다. 작품의 우측 하단에는 서명을 조각하여 찍었다.

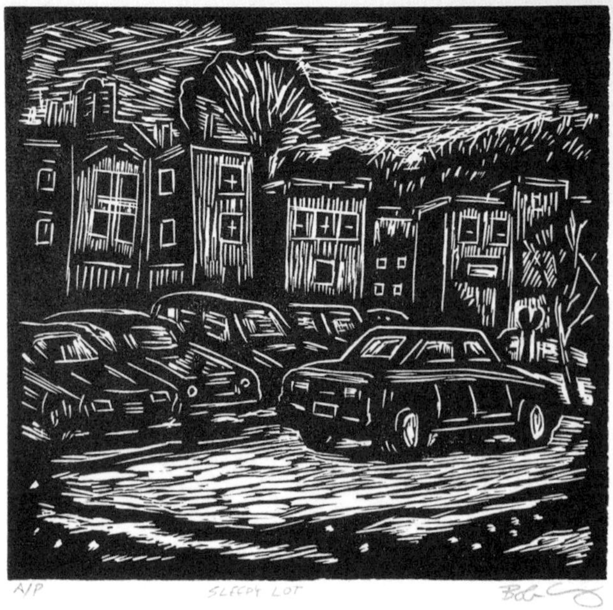

「고요한 주차장Sleepy Lot」 리놀륨판화

주차장처럼 평범한 풍경에 질감을 주어 생동감을 자아냈다. 편안하면서도 강렬하며 추상적이지만 이미지를 알아보는 데 무리가 없다. 작품을 구상하고 작업할 때 개성을 살리는 것이 중요하다.

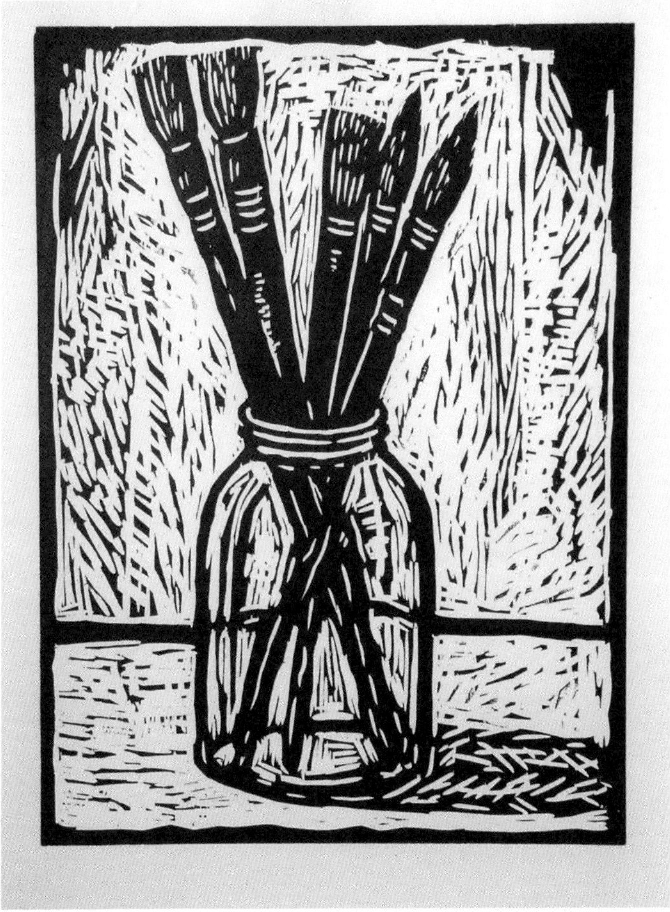

ACE 스튜디오 투어 포스터, 목판 프린트

판화를 광고에 활용했다. 포스터 디자이너가 위의 목판화에 글자와 로고를 넣어 만들었다. 목판화에는 U자형과 V자형 끌을 사용했다.

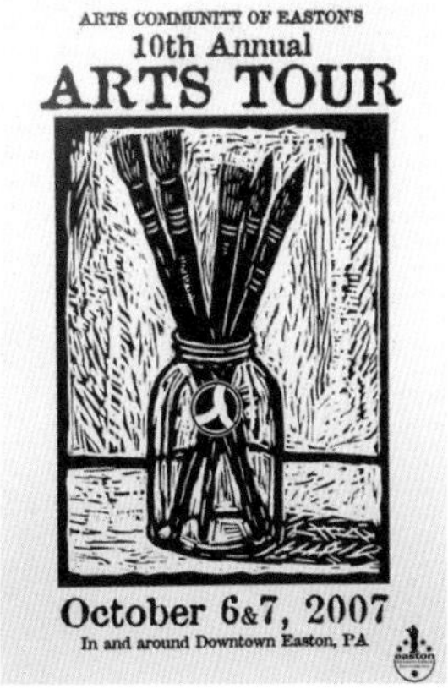

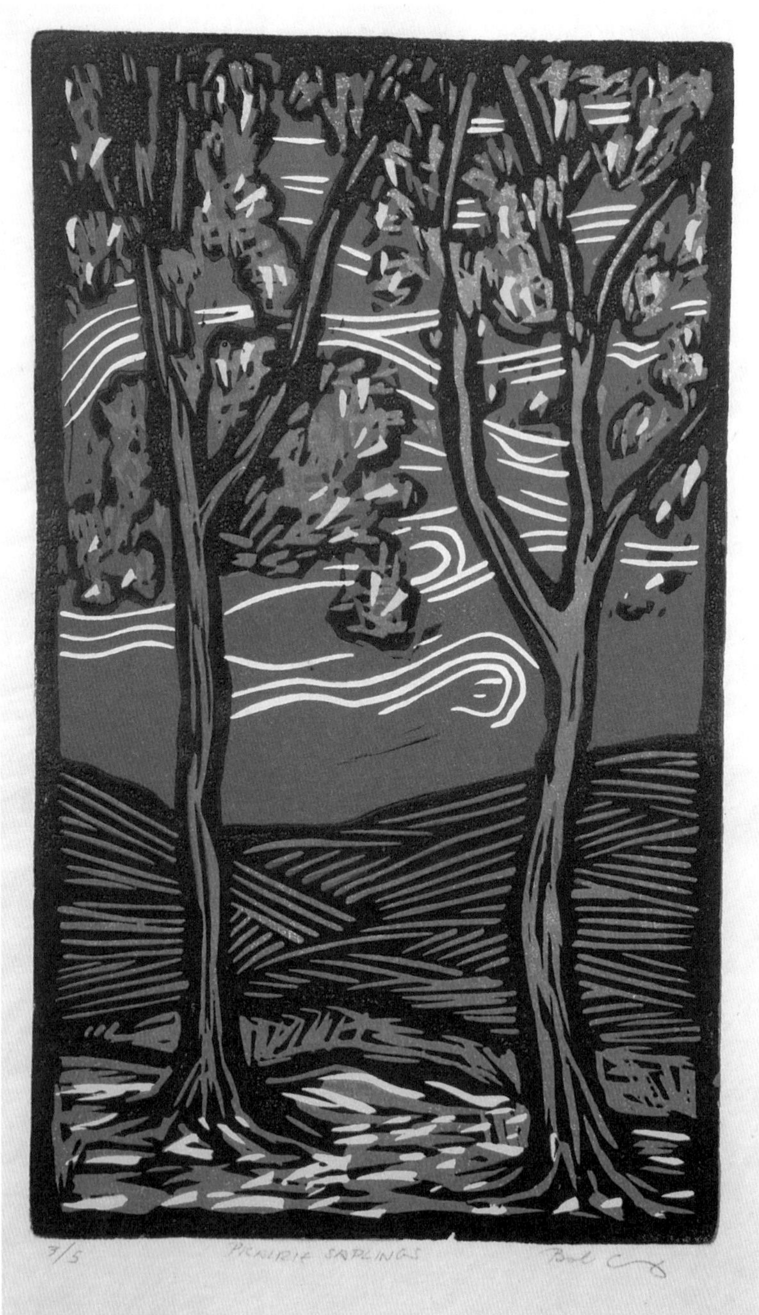

「프레리 묘목Prairie Saplings」 리놀륨판화

세 가지 색상과 성긴 구성이 작품에 생동감을 준다. 수성 잉크를 사용했다.

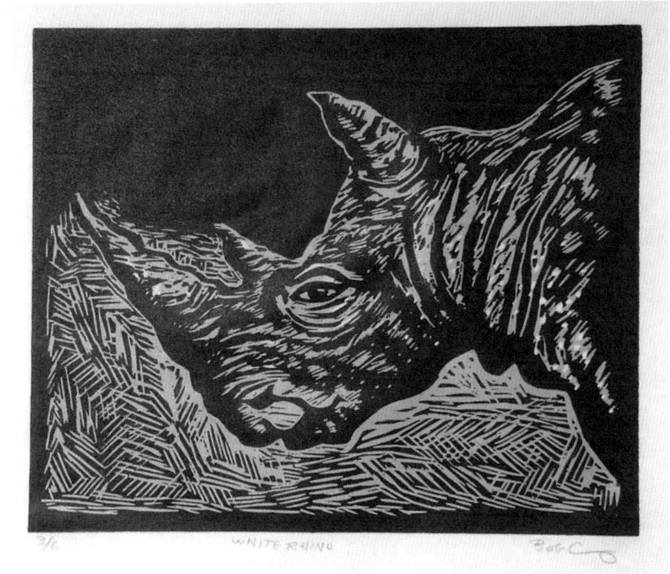

「흰 코뿔소White Rhino」 목판화

이 다색 판화는 질감이 핵심이다. 목 부분의 하이라이트와 윗면의 무겁고 어두운 부분이 강렬함을 주었다. 작은 끌을 사용했다.

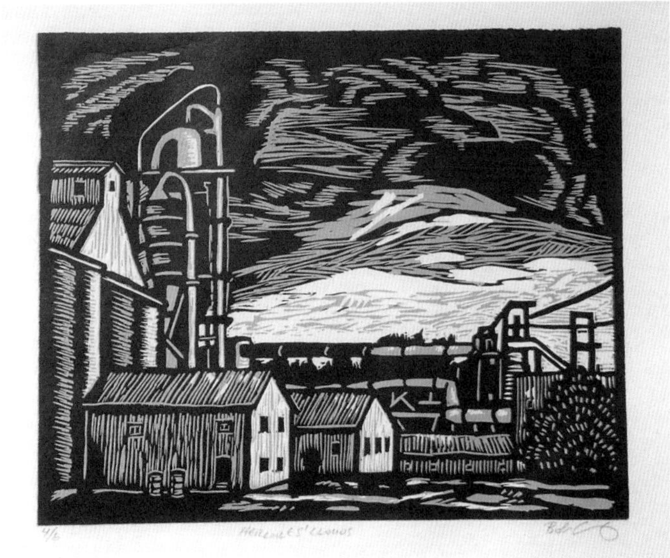

「헤라클레스 구름Hercules Clouds」 리놀륨판화

폭풍이 다가오는 모습을 담은 스케치를 조각한 작품이다. 건물과 주변의 모든 사물에서 불길한 기운이 느껴지며, 어두워지고 있는 하늘이 분위기를 더한다.

글·편집 샌디 앨리슨

작가와 편집자로 활동하고 있으며, 펜실베이니아 뉴 컴벌랜드에 살고 있다.

글·그림 로버트 크레이그

리놀륨판화와 목판화 전문 판화가이며 학생들을 가르치기도 한다. 미국 내 여러 갤러리에 작품들이 전시되었다. 펜실베이니아 이스턴 부근에 살고 있다.

사진 앨런 와이체크

상업사진작가이자 출판물 사진작가로 활동하고 있으며, 건축, 인물, 음식 사진을 전문으로 한다.

옮김 김하늬

1987년 전북 고창에서 태어났다. 출판 편집자로 일하고 있다. 옮긴 책으로 네이선 W.파일의《뉴욕 베이직 팁 앤 에티켓》, 마이클 홀의 그림책《빨강》,《프랑켄크레용》이 있다.

감수 스튜디오198

이성근, 한지선 두 작가가 운영하는 서울 중랑구 망우동의 공방. 두 사람은 홍익대학교 일반대학원 판화과를 졸업한 뒤, 누구나 자신의 이야기로 작품을 만들 수 있는 스튜디오198을 운영하고 있다. 이성근은 사실적인 이미지를 메조틴트와 극사실 회화로 표현하고 있다. 여러 번의 단체전과 두 번의 개인전을 했다. 한지선은 산책을 하며 마주치는 사물과 풍경을 선과 색으로 재배치하는 리놀륨판화, 실크스크린과 유화 작업을 하고 있다.

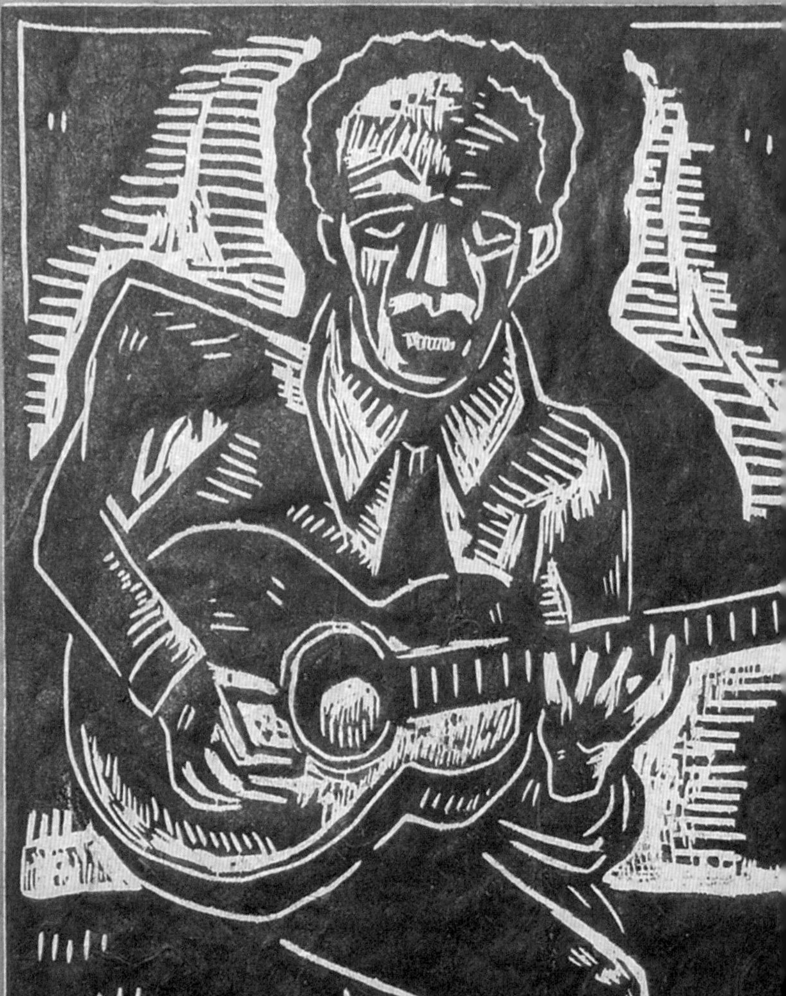

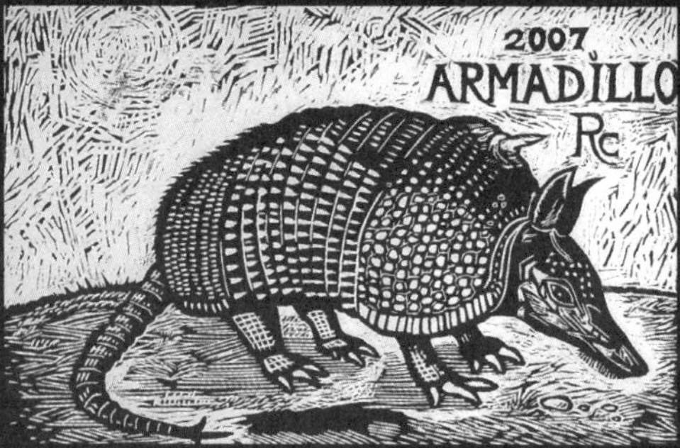
2007
ARMADILLO
Rc

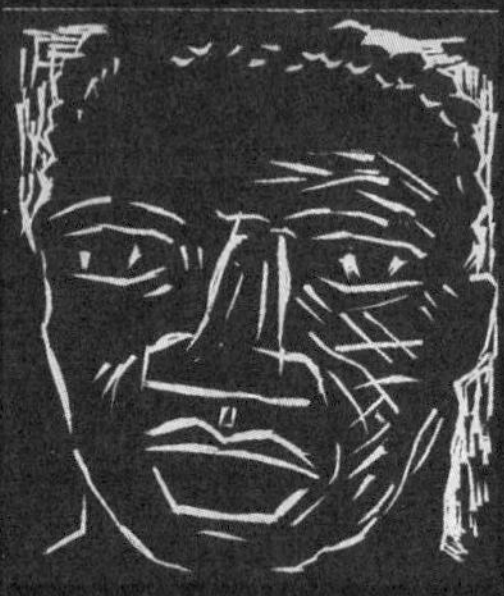

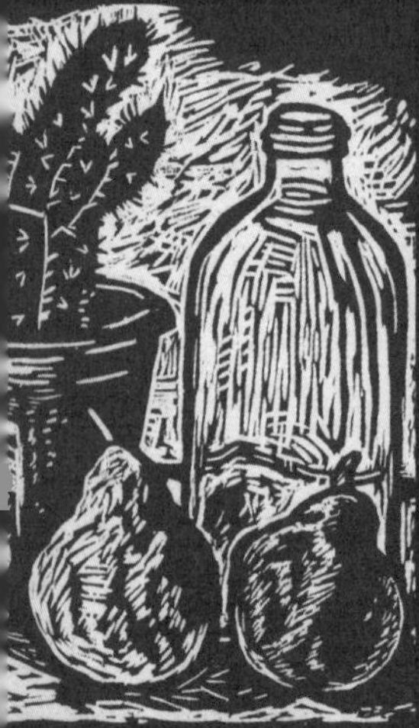

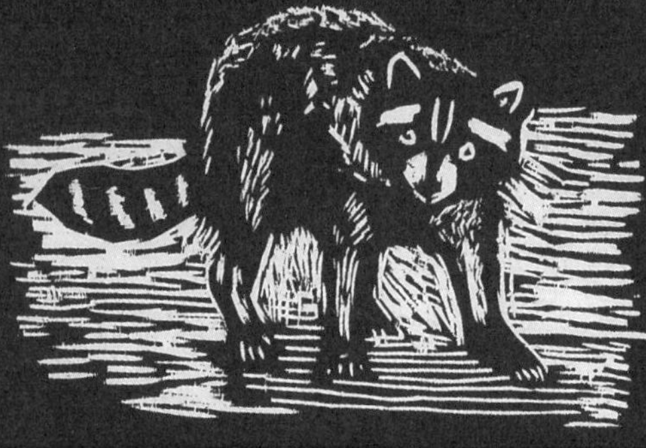

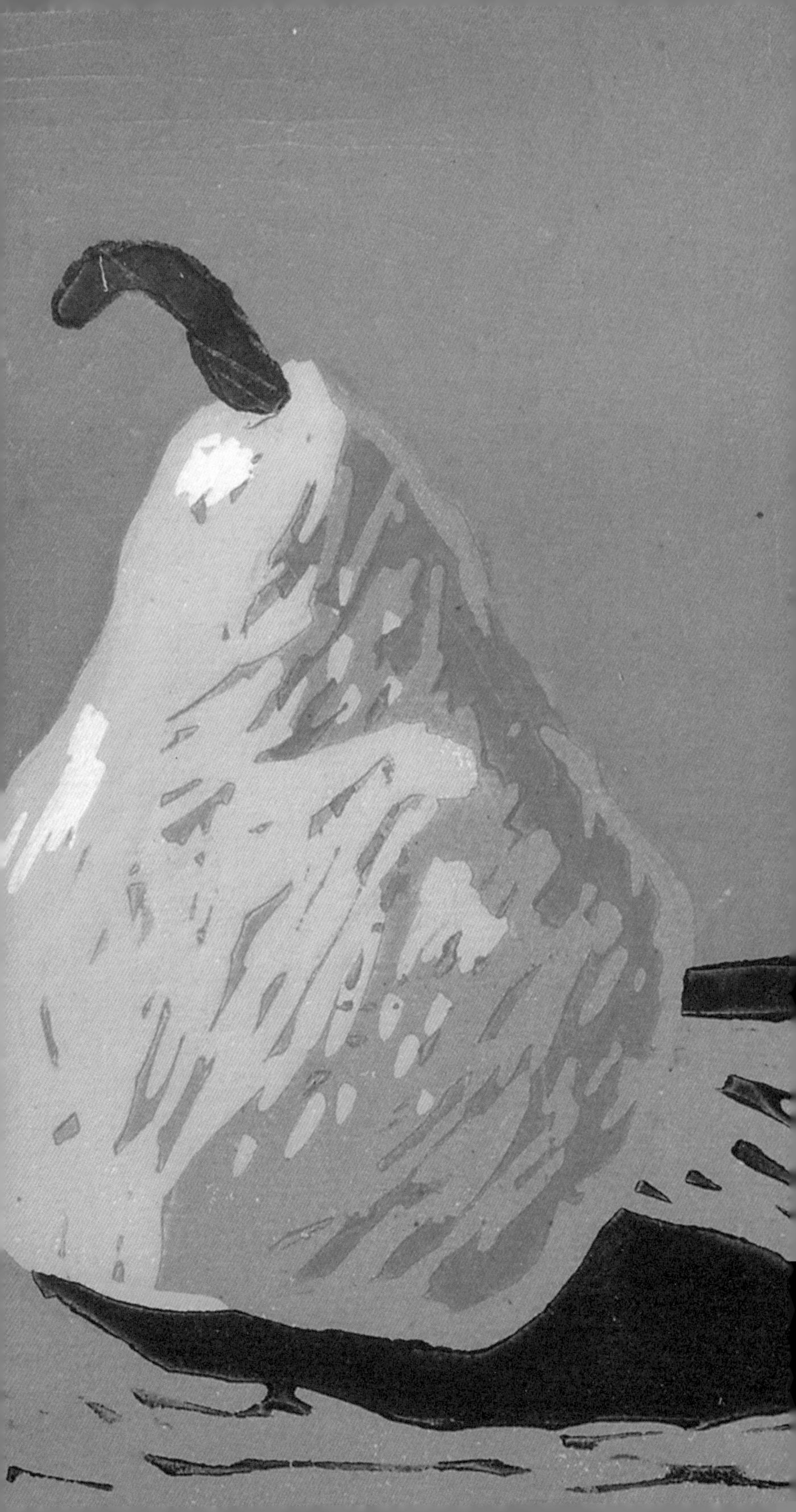

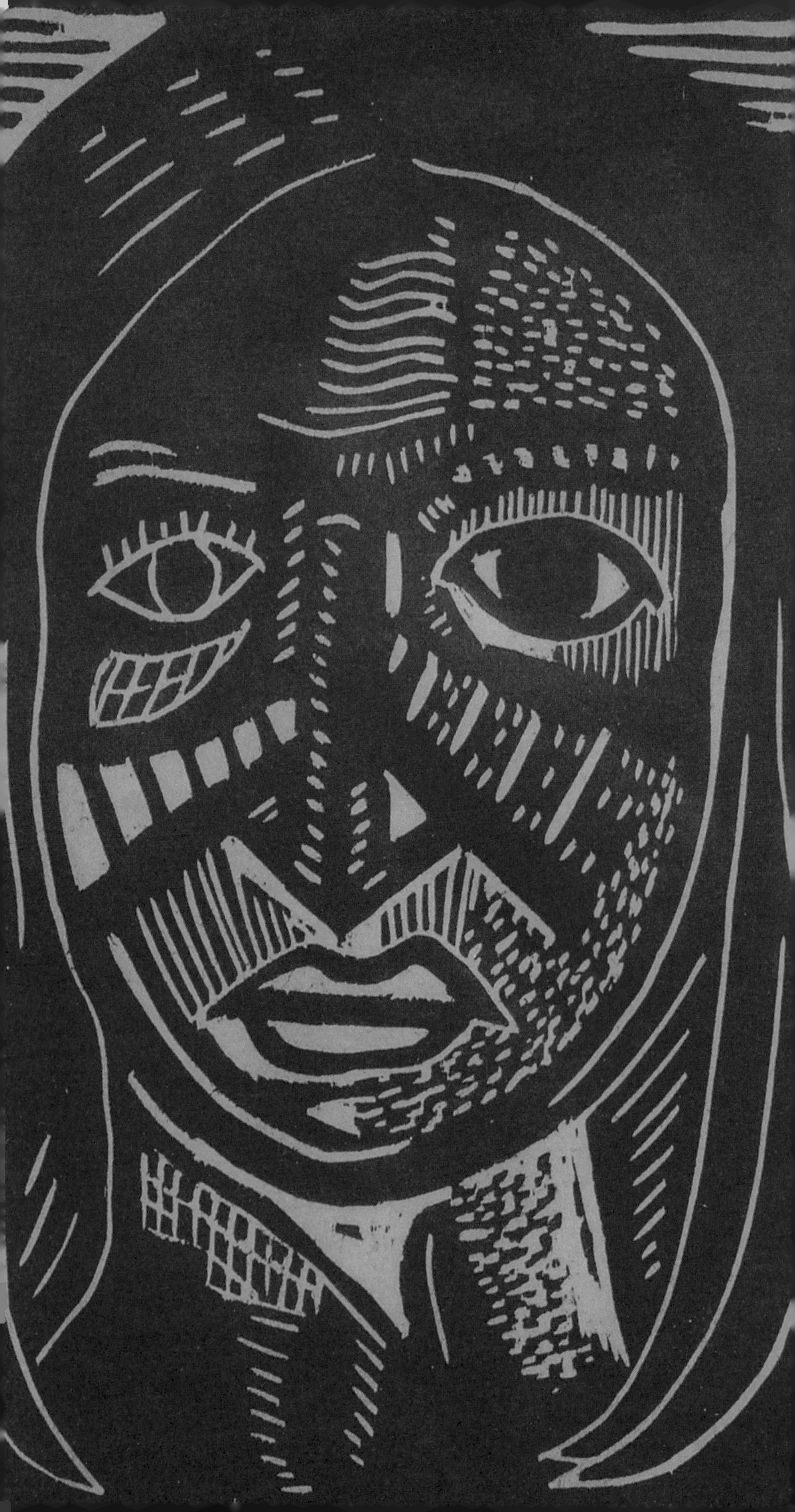